Ediciones IESA

ANÁLISIS DE LA COMPETENCIA

Manual para competir con éxito en los mercados

CARLOS JIMÉNEZ

Derechos exclusivos
Segunda edición, 2012
© IESA
Hecho el depósito de ley
Depósito legal: lf2392012658363
ISBN: 978-980-217-368-6

Ediciones IESA
Av. IESA, Edif. IESA, San Bernardino.
Apartado postal 1640, Caracas, Venezuela.
Teléfonos: 58-212-555.4263 / 555.4298 / Fax: 555.4445
ediesa@iesa.edu.ve | www.iesa.edu.ve

Producción editorial: Ediciones IESA
    Director editorial: José Malavé
    Coordinación administrativa: Yudyt Medina
Diseño de la colección: Eduardo Chumaceiro de'E.
Diagramación y montaje: Aitor Muñoz Espinoza
Corrección de textos: Virgilio Armas Acosta
Impresión: CreateSpace

Jiménez, Carlos.
Análisis de la competencia. Manual para competir con éxito en los mercados / Carlos Jiménez. – Caracas: Ediciones IESA, 2012.

120 p.

ISBN: 978-980-217-368-6

1. Inteligencia en los negocios — Toma de decisiones. 2. Gerencia del conocimiento — Toma de decisiones. 3. Tecnología de la información — Toma de decisiones. 4. Investigación de mercado. I. Título.

HD 38.7
658.47

CONTENIDO

A María Victoria, Carlos E. y Patricia

Agradecimientos

Este libro es el resultado de varios años de trabajo en el área de inteligencia de negocios e investigación de los competidores.

La aventura comenzó en 1992, cuando me incorporé a Datanálisis. Después de varios años de estudio y de aproximarme a los temas de inteligencia competitiva de la mano de Gustavo Peña —mi primer profesor en esta disciplina— en la Comisión Latinoamericana de Ciencia y Tecnología, en 1995 ofrecí «Inteligencia competitiva» como materia electiva en la Universidad Metropolitana, gracias a la confianza de Migdalia Montes de Oca, coordinadora de la Escuela de Ciencias Administrativas.

En el año 2000 Vianney Sánchez se entusiasmó ante la idea de ofrecer la materia como electiva de la especialización en Mercadeo, en el Instituto de Estudios Superiores de Administración (IESA); luego la transformamos en un curso de desarrollo gerencial. Actualmente, inteligencia competitiva forma parte de los programas de mercadeo que se dictan en el IESA, y gran parte de las ideas contenidas en este libro son el resultado de los aportes de los estudiantes durante los últimos catorce años.

La colaboración de Otilia Díaz, Carolina Arnal, Magally Arias y Liana Leider, mi equipo de consultores en Datanálisis, ha sido muy importante para mis actividades docentes, en especial en la identificación de ejemplos para las clases en el IESA. Debo agradecer también a José Antonio Gil, que me apoyó con entusiasmo en la elaboración de los ejemplos de escenarios presentados en este libro, y a Rubén Molina, cuya ayuda fue valiosa en los análisis estadísticos.

Mis agradecimientos a Ana Goite y Ericka Silva, de Tendencias Digitales, que me apoyaron en el «Estudio de competencia», parte integral de esta obra.

Finalmente, mi especial gratitud a Patricia Rodríguez, mi esposa, a Daniela Kammoun y a Virgilio Armas Acosta, quienes me ayudaron a revisar mis apuntes y a editarlos de tal forma que pudiéramos convertirlos en este libro.

Prólogo

Las empresas que logran atender con éxito a sus mercados de consumidores o clientes son, definitivamente, aquellas que saben traducir las necesidades de éstos en componentes o atributos del producto, en un excelente servicio, en conveniencia de sus canales, en accesibilidad por medio de la estrategia de precio, o en lograr una diferencia con su comunicación y atención al cliente.

Pero no sólo eso, las empresas exitosas son aquellas que, además de descifrar las preferencias de sus consumidores o clientes, son capaces de aprender de la competencia, tan cercanamente y con tanto empeño como lo hacen con sus consumidores o clientes. De nada sirve idear la estrategia ganadora para los clientes, que cuando se implemente no haya tomado en cuenta a la competencia, pues fácilmente ésta se convierte en una estrategia inefectiva.

Y si a las empresas les parece muy complejo llegar a entender que deben contener sus ofertas para satisfacer a los cambiantes, emocionales y caprichosos clientes, resulta igualmente difícil conocer y sobre todo prever con «qué viene» la competencia. Esto último si consideramos que gran parte de la información, por tratarse de planes, a diferencia de la del cliente, no podrá obtenerse sino a través de aproximaciones.

Dada la relevancia de la competencia en los negocios y la complejidad de su entendimiento, resulta imperativo contar con las «mejores prácticas» del análisis de la competencia. Este libro ofrece precisamente esto, abordado con una sencillez impecable, pero a la vez con profundidad y de una forma muy práctica, pues al final de cada capítulo se presentan recomendaciones clave que pueden implementarse fácilmente.

Jiménez recopila bibliografía clásica sobre el tema (Porter y Crane) y la mezcla con bibliografía de actualidad (Kim y Mauborgne y los océanos azules), y además la salpica con el pulso del mercado a través de los resultados de una investigación realizada sobre una base de cien gerentes de diferentes empresas. La larga trayectoria de Carlos Jiménez como investigador y consultor de negocios se ve plasmada a lo largo de todos los capítulos y de cada una de las recomendaciones que ofrece a las organizaciones para aprender el difícil arte de analizar a la competencia.

Definitivamente, este un libro sin desperdicio que todo gerente debe leer y poner en práctica, pues profundizar en el conocimiento del oponente le permitirá a sus empresas moverse más cómodamente hacia la consecución de sus objetivos por medio del desarrollo e implementación de estrategias vencedoras.

RAQUEL PUENTE
Profesora del IESA

Introducción

En casi veinte años de experiencia en investigación de mercados, he observado cómo algunas empresas toman decisiones «instintivas», para las que lo único que emplean es su olfato gerencial. Esta manera de decidir le ha dado buenos resultados a muchas compañías, pero los mercados de hoy son muy exigentes y cada vez son menos las empresas que deciden de manera informal y poco científica.

He sido testigo de cómo las empresas se han volcado con entusiasmo a realizar investigaciones de mercados para conocer a sus consumidores y evaluar sus ideas de productos antes de lanzarlas a la venta, y de cómo se han desarrollado los servicios de análisis de información del entorno. Estamos sin duda en un mercado mucho más profesional de lo que era hace veinte años, en el que los gerentes cuentan como nunca antes con recursos para decidir, gracias al desarrollo de las tecnologías de información.

Sin embargo, en el ámbito de la información del mercado, la referida a la competencia todavía se encuentra subestimada. Si bien las decisiones de negocio emplean información del entorno y de los consumidores, pocas veces prevén las respuestas probables de la competencia. Quizás las dificultades y las implicaciones éticas asociadas a su recolección han mantenido al margen este tipo de información.

El objetivo que persigo con este libro es orientar a las empresas en la tarea de analizar a sus competidores. De allí que esté organizado como un típico proceso de investigación y análisis de la competencia. Se comienza por caracterizar los mercados actuales, para ofrecer una fotografía de las fuerzas que hacen que la rivalidad empresarial sea intensa. Posteriormente, se estudian los aspectos que deben considerarse en una investigación de la competencia: identificar los competidores y sus características clave, evaluar las fuentes de información y determinar qué análisis pueden elaborarse.

Adicionalmente, se muestran los resultados del «Estudio de competencia», que refleja la opinión de más de cien gerentes de empresas acerca de la rivalidad y las prácticas de investigación y análisis de la competencia.

Este libro está dirigido a los gerentes que se enfrentan diariamente a sus competidores y desean saber cómo analizarlos. Pretende ser un aporte para que las decisiones gerenciales se tomen basadas en análisis que consideren la posición actual de la empresa con respecto a sus principales competidores y las posibles respuestas de la competencia. Espero que sea de gran ayuda para aquellas personas que trabajan en departamentos de investigación de mercados, inteligencia de negocios y mercadeo.

Los mercados actuales son muy dinámicos; por ello, nuestro trabajo no termina con esta obra. Le invitamos a seguirlo y a enviarnos sus comentarios a *www.carlosjimenez.info*.

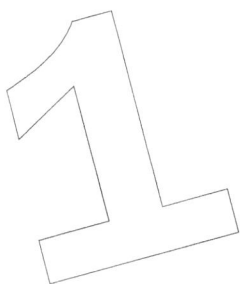

1

Principales tendencias de los mercados actuales

UN MUNDO CADA VEZ MÁS PLANO Y GLOBAL

Sin duda alguna estamos viviendo tiempos de grandes cambios, una época que Thomas Friedman, en *El mundo es plano*, denominó «Globalización 3.0». Es un tiempo que comenzó aproximadamente en el año 2000 y que se caracteriza por la presencia de un mundo más pequeño o más «plano», porque las comunicaciones y el desarrollo tecnológico así lo permiten.

En la globalización 1.0 los países fueron los protagonistas de ese cambio; en la versión 2.0 lo fueron las multinacionales. Ahora son los individuos los que facilitan la integración económica necesaria para competir. Casos como el de Jet Blue Airways, en Estados Unidos, que maneja su centro de llamadas con amas de casa conectadas con banda ancha desde su hogar, es un excelente ejemplo de la nueva dinámica económica que se está gestando. Por su parte, la agencia de noticias Reuters, cuando terceriza el desarrollo de sus notas de prensa, revela cómo las empresas buscan los recursos donde estén y donde puedan agregar mayor valor.

Un mundo más conectado permite que una tendencia global llegue a cualquier mercado en un tiempo cada vez más corto. Lo que antes se demoraba más de cinco años en repercutir en los países en vías de desarrollo, hoy puede llevarse semanas. La permeabilidad de los mercados ante las tendencias mundiales se explica fundamentalmente por los avances tecnológicos y el desarrollo de los medios electrónicos, que aunado a la presencia de empresas transnacionales, acortan el tiempo de expansión de los cambios económicos, sociales o culturales.

Uno de los mejores ejemplos es *Facebook*. De su crecimiento exponencial un latinoamericano podía leer en diarios como *The New York Times* o *The Boston Globe*, pero en poco tiempo recibía en su propio buzón de correo electrónico las invitaciones de sus amigos a unirse a esta red social.

Este mundo más global o plano es producto de diez «fuerzas» que sin duda han intensificado la competencia y obligado a las empresas a ser más competitivas:

1 La caída del muro de Berlín en noviembre de 1989 y la aparición de Windows 3.0: con el desarrollo de los PC, cada persona en una organización puede mantener su propia base de datos. Esto democratiza el acceso a la información de mercado, pero crea «islas» de información que a veces actúan con ineficiencia.

2 El lanzamiento de Netscape, el primer navegador de Internet, en agosto de 1995: el desarrollo de Internet ha aumentado el poder negociador de los compradores, porque los dota de mayor información y herramientas para comparar proveedores. Igualmente, las empresas, ahora más que nunca, pueden conocer la oferta de sus competidores a costos más bajos, además de informar más eficientemente a sus clientes y consumidores acerca de lanzamientos de productos, promociones, etcétera.

3 El flujo del *software* (*work flow software*): una empresa con sistemas integrados es una rica fuente para hacer «minería de datos».

4 El poder de las comunidades virtuales otorgado por el intercambio y la carga de archivos electrónicos (*uploading*): en algunos mercados su efecto es directo, como en la industria del *software* comercial, que tiene en el *software* libre un gran competidor. Para la mayoría de los sectores, estas comunidades de colaboradores conectados son una pérdida de poder negociador, pero a su vez una fuente incalculable de oportunidades para innovar y mejorar. En mercados como el comercio electrónico, las recomendaciones y opiniones de los usuarios tienen un importante papel en la decisión de compra.

5 La tercerización (*outsourcing*), el *insourcing*, el *offshoring* y las cadenas de suministro, fuerzas 5, 6, 7 y 8: estas formas de organización permiten a las

empresas ser más eficientes en sus procesos de manufactura y comercialización, para competir en un mercado global con menores barreras al libre comercio. En un mundo cada vez más plano, muchos productos se convierten en *commodities*; de allí que las empresas busquen distinguirse de sus competidores gracias al manejo eficiente de su cadena de suministros.

6 El *in-forming*: la mayor información hace más eficiente al mercado e incrementa el poder de negociación de los compradores.

7 Los «esteroides»: nuevas tecnologías que potencian a las otras fuerzas. Entre esos «esteroides» se encuentran una mayor capacidad computacional de procesamiento y almacenamiento, la mensajería instantánea y la posibilidad de compartir archivos electrónicos, la voz sobre IP (VoIP) (que permite realizar llamadas telefónicas por la Web), la videoconferencia, una mayor capacidad gráfica en la computación y los videojuegos y, por último, las comunicaciones inalámbricas. Estas tecnologías incrementan el poder de negociación de los compradores y la rivalidad de la competencia. En la industria de las telecomunicaciones, por ejemplo, la VoIP reduce considerablemente los precios de venta.

LOS CONSUMIDORES EN UN MUNDO GLOBAL

En el mundo más plano y global que describe Friedman hay seis tendencias clave que están marcando el estilo de vida de millones de consumidores en los principales centros urbanos del mundo; inevitablemente, ya han llegado a la mayoría de los países latinoamericanos:

1 Recesión: desde el año 2008 la economía mundial entró en recesión a raíz de la crisis de los mercados financieros.

2 Responsabilidad: las empresas están tomando conciencia de que deben ser socialmente responsables, no sólo con las mayorías, sino con el ambiente, tal como lo expone Moisés Naím en «Cinco razones para el optimismo».

3 Rapidez: predominio de un estilo de vida vertiginoso y con escaso tiempo para actividades cotidianas, como leer la prensa o incluso comer.

4 Salud: creciente interés de las personas en su salud y bienestar.

5 Movilidad: intenso uso de los dispositivos móviles multipropósito con los que se puede no sólo entablar una conversación, sino revisar correos electrónicos, navegar por Internet o tomar fotografías.

6 Medios en constante transformación: tendencia a una «caotización mediática» caracterizada por la atomización de los medios, una gran exposición

de las personas a ellos, el consumo mediático *multitasking* (actividades solapadas con un medio e incluso con varios medios a la vez) y una creciente participación de los usuarios en la generación de contenidos.

¿Cómo afectan estas tendencias a las empresas? Las consecuencias varían de acuerdo con el sector de actividad y el tamaño de los negocios. Las más importantes podrían agruparse en tres categorías:

1 Mayor rivalidad de la competencia: un mercado en recesión obliga a que el crecimiento de una empresa ocurra a costa de la participación de mercado de la competencia. Esto sin duda exige ser más competitivo en productos, precios y condiciones, ya sea para defenderse o para ganar mercados.

2 Necesidad de innovar para competir: se debe adaptar la oferta, de manera de ofrecer productos para las mayorías, ecológicos, prácticos, saludables, «para la vía» y para una vida en movimiento. Además, deben incluirse a los clientes y consumidores en los procesos de innovación.

3 Exigencia de entender los nuevos medios: el nuevo contexto mediático que se está formando obliga a las empresas a pensar en cómo entrarán en la «conversación con los clientes» y cómo se harán escuchar entre tanto ruido. Esto pasa por entender los nuevos medios y combinarlos con los medios tradicionales para lograr sinergias comunicacionales.

Si se enfrentan desde ya estas realidades con creatividad y rapidez se tendrán más probabilidades de éxito.

LA RIVALIDAD DE LA COMPETENCIA

En el «Estudio de competencia», realizado en una muestra de empresas venezolanas de diversos sectores de actividad y tamaño, se encontró que los sectores financieros y de las telecomunicaciones son los que perciben mayor rivalidad por parte de la competencia. La medición se realizó mediante la pregunta «¿Cómo percibe usted la rivalidad de la competencia en su sector de actividad?»[1].

En el sector financiero, cuyas actividades están muy reguladas por el Estado, la rivalidad se refleja en la publicidad que realizan las diversas instituciones

---

[1] En el apéndice se presentan las características metodológicas y la definición de rivalidad de la competencia empleada en el «Estudio de competencia».

financieras; mientras que en las telecomunicaciones se manifiesta, además de en las campañas publicitarias, en la oferta de planes de tarifas y equipos de telefonía celular. Cabe mencionar que ambos sectores destacan entre los que más invierten en publicidad en Venezuela, lo que definitivamente ha sido beneficioso para estos sectores, pues incrementa el conocimiento y la lealtad de los consumidores hacia determinadas marcas, sin afectar negativamente los márgenes de ganancia, como podría hacerlo una competencia basada exclusivamente en precios.

Entre los sectores con una rivalidad percibida como menor se encuentran los servicios a las empresas y otras industrias manufactureras, ambos sectores orientados a la venta a otras empresas (o «B2B»: *business to business*) y no al mercado final («B2C»: *business to consumer*).

Además de la rivalidad actual, el «Estudio de competencia» indagó acerca de la rivalidad esperada, medida con la pregunta «¿Cómo cree usted que será la rivalidad de la competencia en los próximos tres años?». En este caso, los sectores informática y servicios a empresas esperan una competencia más intensa.

Cuadro 1.1
Percepción de la rivalidad de la competencia, por sector de actividad
(1: ninguna rivalidad; 10: mucha rivalidad)

SECTOR DE ACTIVIDAD	PERCEPCIÓN DE RIVALIDAD	RIVALIDAD ESPERADA	DIFERENCIA ENTRE LA RIVALIDAD PERCIBIDA Y LA ESPERADA
FINANCIERO	8,08	8,08	Se mantendrá
TELECOMUNICACIONES	8,07	6,21	Disminuirá
MEDIOS Y PUBLICIDAD	7,48	7,14	Disminuirá
INFORMÁTICA	7,14	8,29	Aumentará
ALIMENTOS Y BEBIDAS	6,81	6,63	Disminuirá
COMERCIO Y SERVICIOS	6,78	6,44	Disminuirá
OTRAS INDUSTRIAS	6,70	5,40	Disminuirá
SERVICIOS A EMPRESAS	5,90	7,00	Aumentará
TOTAL MUESTRA	7,20	6,96	Disminuirá

Fuente: Jiménez (2009).

Las empresas más pequeñas perciben una rivalidad menor, una percepción relacionada con el tipo de actividad que realizan, pero también con el hecho de que este tipo de empresas atiende nichos de mercado en los que la competencia directa suele ser menor. Es precisamente este segmento de empresas el que espera un aumento de la rivalidad en los próximos tres años.

Cuadro 1.2

Percepción de la rivalidad de la competencia, por tamaño de las empresas (1: ninguna rivalidad; 10: mucha rivalidad)

TAMAÑO DE LA EMPRESA	PERCEPCIÓN DE RIVALIDAD	RIVALIDAD ESPERADA	DIFERENCIA ENTRE LA RIVALIDAD PERCIBIDA Y LA ESPERADA
PEQUEÑA	6,71	7,36	Aumentará
MEDIANA	7,20	7,04	Disminuirá
GRANDE	7,71	7,05	Disminuirá
CORPORACIONES	7,28	6,50	Disminuirá
TOTAL MUESTRA	7,20	6,96	Disminuirá

Fuente: Jiménez (2009).

▶▶▶ Modelo explicativo de la percepción de la intensidad de la competencia

Teóricamente, y tal como lo propone Michael Porter (1985), la intensidad de la rivalidad de la competencia depende de que en un sector se den una o más de las siguientes ocho situaciones:

1 Gran número de competidores o empresas con capacidades similares.
2 Crecimiento lento en el sector.
3 Grandes costos fijos o de almacenamiento.
4 Falta de diferenciación de los productos.
5 Incrementos importantes de la capacidad instalada de las empresas.
6 Diversidad de enfoques estratégicos entre los competidores.
7 Intereses estratégicos muy importantes.
8 Fuertes barreras a la salida.

Empleando como base estas variables, medidas en el «Estudio de competencia», se elaboró un modelo de regresión múltiple para identificar cuáles de los factores estructurales, percibidos por los empresarios y registrados mediante una encuesta de opinión, contribuían a explicar una mayor o menor percepción de la rivalidad de la competencia. Este modelo arrojó que la percepción de la existencia de empresas competidoras de tamaño similar es el factor que más contribuye a creer que hay mayor rivalidad, seguido de las expectativas de crecimiento en el sector, la diferenciación del producto y los costos fijos elevados.

Modelo explicativo de la percepción de la intensidad de la competencia

VARIABLES EXPLICATIVAS	IMPORTANCIA DE LA VARIABLE EN RIVALIDAD	SIGNO DEL COEFICIENTE	INTERPRETACIÓN
EXISTENCIA DE COMPETIDORES DE TAMAÑO SIMILAR A SU EMPRESA	34,4%	POSITIVO	A MAYOR CANTIDAD DE EMPRESAS COMPETIDORAS CON UN TAMAÑO SIMILAR, LA PERCEPCIÓN DE LA RIVALIDAD ES MAYOR
EXPECTATIVAS DE CRECIMIENTO EN SU SECTOR DE ACTIVIDAD EN LOS PRÓXIMOS TRES AÑOS	28,3%	POSITIVO	A MEDIDA QUE EL CRECIMIENTO ESPERADO ES MAYOR, LAS EMPRESAS PERCIBEN UNA MAYOR RIVALIDAD[2]
DIFERENCIACIÓN DE SUS PRODUCTOS CON RESPECTO A LOS DE LA COMPETENCIA	19,9%	NEGATIVO	A MENOR DIFERENCIACIÓN, LA PERCEPCIÓN DE RIVALIDAD ES MAYOR
COSTOS FIJOS ELEVADOS	18,3%	POSITIVO	COSTOS FIJOS MÁS ELEVADOS SE TRADUCEN EN UNA MAYOR PERCEPCIÓN DE RIVALIDAD EN EL SECTOR

Fuente: Jiménez (2009).

RESUMEN DEL CAPÍTULO

Los mercados son hoy más globales: muchas barreras comerciales y de información se han derribado. En este contexto, los clientes han ganado mayor poder de negociación y las empresas, a su vez, están expuestas a una mayor rivalidad. Se ha formado un entorno de negocios nada sencillo, pues aun cuan-

[2] Si bien Porter plantea que un menor crecimiento se traduce en mayor rivalidad (signo negativo), nuestro modelo indica que una expectativa de crecimiento alto genera más rivalidad esperada, debido a la posibilidad de que más empresas se vean atraídas a la industria.

do se puede acceder y procesar información nunca antes soñada, los retos son mayores.

La innovación es una condición *sine qua non* para competir. La competencia forma parte sustancial de los negocios, ya sea porque deberá ser abordada de manera frontal —quitándole mercados a los competidores o defendiendo las propias posiciones— o porque hay que desarrollar nuevos mercados en los que la competencia sea menor, tal como sugieren Kim y Mauborgne (2005).

En este contexto, es clave que una empresa tenga claridad sobre el tablero de juego: con quién y cómo se compite, qué hay que hacer para superar a la competencia y qué nuevas oportunidades pueden ser explotadas en negocios donde la rivalidad sea menor.

TRES PRÁCTICAS CLAVE

1. Conocer las tendencias de los mercados actuales para aprovechar las oportunidades y prepararse mejor para enfrentar las amenazas.
2. Evaluar nuestra oferta de cara a las diversas necesidades y segmentos del mercado: consumidores de las mayorías, exigencias ecológicas, mayor preocupación por una vida saludable, etcétera. Gracias al desarrollo de la Web 2.0 es posible que los consumidores participen en los procesos de innovación, opinando sobre los productos o evaluando prototipos. Hoy día, como nunca antes, las empresas tienen la posibilidad de hacer partícipes a sus audiencias y obtener insumos clave para el desarrollo de productos y servicios.
3. Esforzarse por entender a los nuevos medios y combinarlos con los tradicionales para lograr sinergias comunicacionales.

GLOSARIO

INSOURCING: término usado por Friedman para describir el manejo logístico por terceras partes. A diferencia de las cadenas de suministro, que requieren grandes esfuerzos de coordinación, el *insourcing* es una manera de integrar a un proveedor externo en operaciones logísticas concretas.

OFFSHORING: trasladar a otro lugar una fábrica o unidad de producción de una empresa.

RIVALIDAD DE LA COMPETENCIA: lucha entre empresas para lograr una mayor participación en el mercado o defender sus posiciones actuales.

Tercerización (*outsourcing*): contratar a una compañía externa para que se encargue de una tarea que se supone realizará mejor o con menos costos.

Uploading: enviar o publicar datos, imágenes o videos de un sistema local a un sistema remoto, como un servidor. La llamada Web 2.0 ha permitido, mediante el desarrollo de aplicaciones y una mayor penetración de la banda ancha, que los usuarios, como nunca antes, publiquen contenidos.

Por qué investigar a los competidores, si todos hablan de los clientes y los consumidores

2

LA PLANIFICACIÓN *NAIVE*

En los libros de investigación de mercados se encuentran diversas técnicas orientadas al estudio de los clientes y los consumidores. Definitivamente todos los gerentes tienen la atención centrada en ellos, porque son importantes. No se debatirá por qué es clave analizarlos, ni mucho menos tratar de vender la idea de que el análisis de los competidores es más importante. El proceso de toma de decisiones es complejo y requiere que el mercado se entienda como un todo; eso pasa por conocer no sólo a los clientes, sino al resto de los actores de ese mercado, tales como los competidores, los proveedores, los canales de comercialización e, incluso, el Gobierno.

Aunque esta argumentación suena razonable, muchas de las decisiones que toman las empresas se basan en presunciones y, en el mejor de los casos, en un conocimiento de los clientes y sus expectativas basado en investigaciones de mercado formales. Sin embargo, muchas veces las acciones de los gerentes no dan los resultados esperados porque la competencia no es estática y porque quienes deciden no consideran cómo reaccionará el mercado ante lo que hacen. Es lo que podría llamarse planificación *naive*: se actúa de acuerdo con un plan perfecto y se supone que los demás competidores no reaccionan para defenderse y, mucho menos, para atacar.

PLANIFICAR SIN LA COMPETENCIA

¿Cuán grave puede ser, cuando se planifica, no considerar a los competidores?

- No pasa nada, porque la competencia no hace nada.
- La competencia reacciona de manera inadecuada, sin alterar los resultados de los planes.
- La competencia reacciona adecuadamente, pero con cierto retraso por el factor sorpresa.
- La competencia reacciona de manera simultánea y adecuada.

Muchas veces, no analizar la competencia no reviste consecuencias negativas para la empresa, así como muchas veces las empresas toman decisiones sin considerar las necesidades de sus clientes y, sin embargo, obtienen resultados favorables. Este primer escenario es definitivamente probable, pero no depende del talento de la gerencia, sino más bien de la fortuna. Además, existe un segundo escenario, también favorable, en el que la competencia no responde adecuadamente. Nuevamente, se obtienen resultados positivos por cuestión de suerte o por incapacidad de los competidores.

No siempre una reacción de la competencia implica una respuesta hostil. Los competidores pueden responder efectivamente para tratar de contrarrestar, o al menos neutralizar, las acciones de una empresa, de manera de volver a una situación parecida a la original. No obstante, también es posible que los competidores se «acomoden» a la nueva situación, debido a que los costos de responder superan los beneficios de volver a la situación inicial.

Independientemente de cuán oportuna o adecuada sea, la respuesta de la competencia podría causar los siguientes daños:

- Deteriorar el margen de ganancia debido a una disminución del precio de mercado.
- Perder participación de mercado.
- Desaprovechar oportunidades de negocios potenciales.
- Perder la inversión en publicidad, mercadeo e investigación de mercados.
- Desperdiciar la inversión en investigación y desarrollo, así como los costos de producción.
- Desmotivar al equipo humano que trabaja con el proyecto.

POR QUÉ INVESTIGAR A LOS COMPETIDORES

Aparte de evitar los riesgos analizados anteriormente, existen algunos motivos específicos para investigar a los competidores:

1   GANAR UN CONTRATO: investigar a los competidores puede tener un carácter eminentemente táctico a la hora de obtener una buena pro en una licitación. En este caso, entender a la competencia se traduce en una ventaja competitiva de la empresa, porque puede presentar una oferta adecuada a las expectativas del cliente y en unos términos favorables con respecto a la competencia.

2   ELIMINAR O DISMINUIR LAS SORPRESAS: en este caso, la investigación del competidor tiene carácter defensivo, porque anticipa las posibles acciones de la competencia, elimina o minimiza sus efectos, y prepara la reacción de la empresa.

3   APRENDER DE LOS COMPETIDORES: se le asocia a este tipo de investigación con el *benchmarking* (generalmente colaborativo), pues la empresa asume este proceso como una forma de aprendizaje para mejorar. A diferencia del concepto tradicional de *benchmarking*, este tipo de investigación no cuenta con el apoyo de los competidores.

4   ENCONTRAR NUEVAS OPORTUNIDADES: la investigación del competidor, en este caso, tiene carácter proactivo, pues busca identificar nuevas fuentes de ventajas competitivas e, incluso, de nuevos negocios. La investigación de la competencia ayuda a identificar claramente las propias ventajas y con base en ellas seleccionar las actividades en las cuales estas ventajas son medulares. También permite identificar segmentos del mercado en los que la presencia de la competencia es mucho menor.

TRES SUPUESTOS SOBRE LA INVESTIGACIÓN DE LA COMPETENCIA

En muchos casos, el problema fundamental de una empresa no radica en negar la importancia de los competidores en la dinámica de su negocio y sus decisiones, sino más bien en creer en algunas suposiciones que se relacionan con la investigación de los competidores. En *Estrategia competitiva*, Michael Porter cita dos, que merece la pena analizar:

Supuesto 1: «Sabemos todo sobre nuestros competidores porque nos enfrentamos a ellos diariamente».

Es decir, «Si estamos en nuestro negocio conocemos su dinámica, incluyendo a los competidores y su forma de actuar». En Venezuela, 54 por ciento de las empresas está de acuerdo con esta frase, según el «Estudio de competencia». Lamentablemente, esto no siempre se cumple, porque los competidores no son estables y un comportamiento pasado no siempre garantiza una forma de actuar en el futuro. Muchas veces las percepciones acerca de la competencia están impregnadas de opiniones superficiales y juicios de valor que no necesariamente reflejan la realidad.

ANÁLISIS DE LA COMPETENCIA

F i g u r a   2 . 1
«Sabemos todo sobre nuestros competidores»
(porcentajes de respuestas)

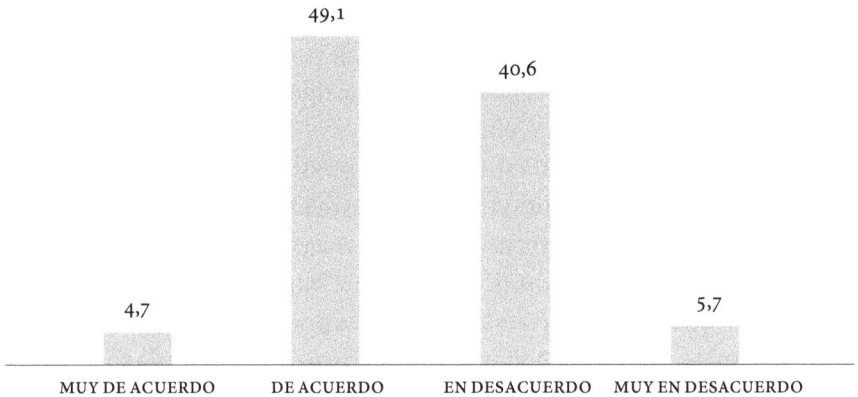

	49,1	40,6	
4,7			5,7
MUY DE ACUERDO	DE ACUERDO	EN DESACUERDO	MUY EN DESACUERDO

Fuente: Jiménez (2009).

Supuesto 2: «Los competidores no pueden ser analizados sistemáticamente».

Es la creencia de que la investigación de los competidores es muy compleja e implica múltiples variables, o de que no hay métodos para hacerla. Por ende, se tiende a considerarla una tarea importante, pero imposible de realizar. De las empresas venezolanas, 68 por ciento no están de acuerdo con este supuesto:

creen que es posible analizar la competencia. Sin embargo, la mitad de las empresas sí lo considera una actividad difícil y costosa.

Figura 2.2

«Los competidores no pueden ser analizados sistemáticamente»
(porcentajes de respuestas)

LOS COMPRADORES NO PUEDEN SER ANALIZADOS SISTEMÁTICAMENTE
INVESTIGAR A LOS COMPETIDORES ES COSTOSO
INVESTIGAR A LOS COMPETIDORES ES DIFÍCIL

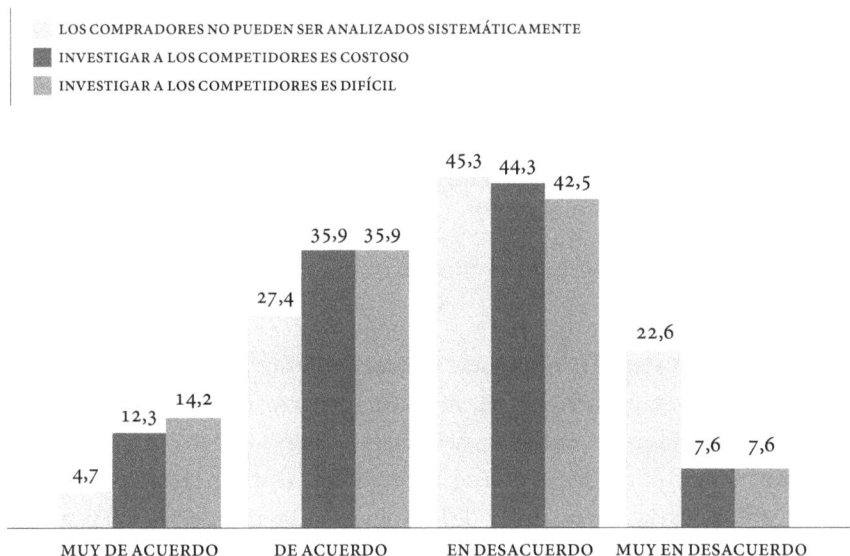

	MUY DE ACUERDO	DE ACUERDO	EN DESACUERDO	MUY EN DESACUERDO
Los compradores no pueden ser analizados sistemáticamente	4,7	27,4	45,3	22,6
Investigar a los competidores es costoso	12,3	35,9	44,3	7,6
Investigar a los competidores es difícil	14,2	35,9	42,5	7,6

Fuente: Jiménez (2009).

Una tercera suposición relacionada con la legitimidad de esta actividad es la siguiente:

Supuesto 3: «Investigar la competencia es un proceso arriesgado que puede ser asociado con actividades ilegales o antiéticas».

Quizás este es uno de los supuestos más delicados: no se debe investigar la competencia porque es hacer espionaje industrial. En Venezuela no se observan preocupaciones al respecto, lo que indica que las empresas que investigan a sus competidores se basan exclusivamente en fuentes de información perfectamente legítimas, o que al menos no sienten que sus prácticas deban ser cuestionadas éticamente.

Figura 2.3

«Investigar a los competidores es antiético»

(porcentajes de respuestas)

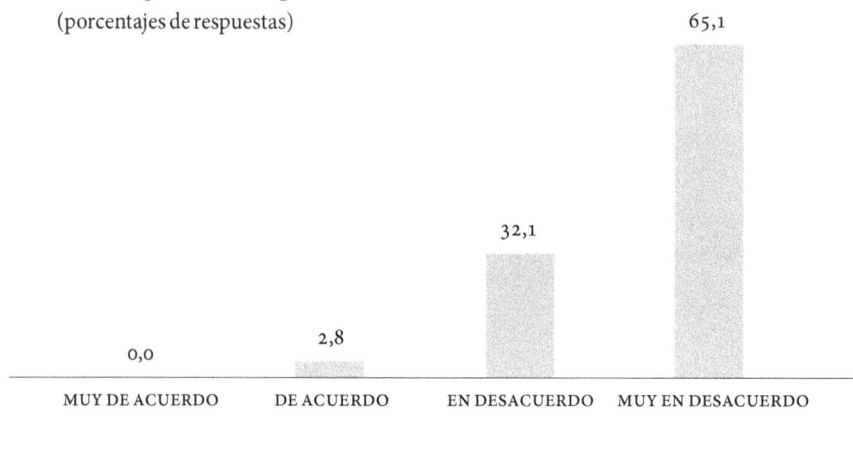

Fuente: Jiménez (2009).

Cuando se revisan las respuestas por sector de actividad económica ante cada supuesto, se encuentra que hay más acuerdo en torno a las frases «Investigar a los competidores es antiético» y «Sabemos todo sobre los competidores» (acuerdo medido por la dispersión de las respuestas, es decir, la diferencia, establecida por la desviación estándar, de los valores de las respuestas con respecto a la media). El sector de la informática es el que expresó menos acuerdo frente a ambas frases.

La creencia de que a los competidores no se les puede analizar sistemáticamente es la frase con mayor dispersión por sector de actividad: mientras las empresas de telecomunicaciones y alimentos y bebidas son las mayores creyentes en que sí es factible investigar la competencia, otras industrias y servicios a empresas (ambos sectores con un alto componente de negocios B2B) son los sectores que menos creen que es posible hacerlo.

La dispersión de las respuestas es menor cuando a las empresas se las clasifica por tamaño, en comparación con lo que sucede cuando se hace por sectores de actividad. El aspecto ético presentó menos diferencias entre las empresas medianas y grandes, al igual que la percepción de dificultad de la actividad. Las mayores diferencias por tamaño de empresa se presentan frente a la creencia de que a los competidores no se les puede analizar sistemáticamente: las empresas medianas se diferencian de las pequeñas y las grandes en que son las que menos creen en que es posible ese análisis.

Cuadro 2.1

Creencias sobre la competencia, por sector y tamaño de empresa

CREENCIA	MAYOR DESACUERDO EN...	MAYOR ACUERDO EN...
«Sabemos todo sobre nuestros competidores porque nos enfrentamos a ellos diariamente»	Informática Servicios a empresas Pequeñas empresas	Otras industrias Corporaciones
«Los competidores no pueden ser analizados sistemáticamente»	Alimentos y bebidas Telecomunicaciones Corporaciones	Otras industrias Servicios a empresas Empresas medianas
«Investigar a los competidores es costoso»	Comercio y servicios Pequeñas empresas	Otras industrias Corporaciones
«Investigar a los competidores es difícil»	Informática Financiero Grandes empresas Corporaciones	Comercio y servicios Telecomunicaciones medianas Pequeñas empresas
«Investigar la competencia es un proceso riesgoso que puede ser asociado con actividades ilegales o antiéticas»	Informática Medios y publicidad	Comercio y servicios Alimentos y bebidas

Fuente: Jiménez (2009).

Definitivamente, obtener una posición competitiva favorable y mantener-la en el tiempo no es tarea fácil en los mercados actuales. Los clientes son cada vez más exigentes y se enfrentan a una oferta amplia y atractiva. Lograr el éxito en ese contexto exige conocer la dinámica competitiva del mercado, que no se limita al estudio de los clientes, sino que debe incluir un estudio sistemático de la competencia.

▶▶▶ **Importancia de la investigación de la competencia en Venezuela**

Al indagar sobre la importancia que las empresas venezolanas le dan a la investigación de la competencia, se encontró que, en una escala del 1 al 10, en la que 1 es «ninguna importancia» y 10 es «mucha importancia», una muestra de 106 empresas obtuvo un promedio de 7 puntos, lo que indica que la declaración de la importancia de esta práctica es alta.

La importancia atribuida a la investigación de la competencia varía de acuerdo con el sector de actividad y el tamaño de la empresa. Las compañías pertenecientes a los sectores financiero, informática y otras industrias son las que le otorgan la mayor importancia. Igualmente, las corporaciones se destacan con un índice superior a 8, en comparación con el resto de las empresas de menor tamaño.

Importancia de la investigación de la competencia (por sector de actividad)
(escala del 1 al 10, en la que 1 es «ninguna importancia» y 10 es «mucha importancia»)

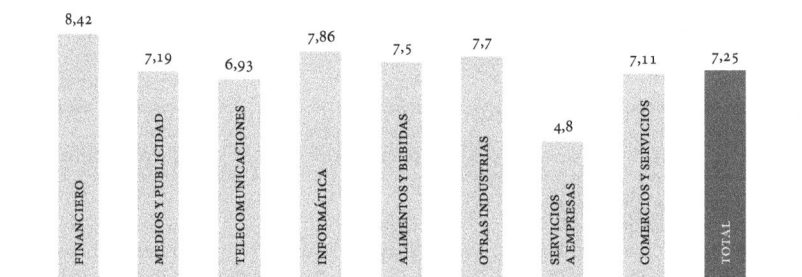

FINANCIERO	MEDIOS Y PUBLICIDAD	TELECOMUNICACIONES	INFORMÁTICA	ALIMENTOS Y BEBIDAS	OTRAS INDUSTRIAS	SERVICIOS A EMPRESAS	COMERCIOS Y SERVICIOS	TOTAL
8,42	7,19	6,93	7,86	7,5	7,7	4,8	7,11	7,25

Fuente: Jiménez (2009).

Importancia de la investigación de la competencia (por tamaño de la empresa)
(escala del 1 al 10, en la que 1 es «ninguna importancia» y 10 es «mucha importancia»)

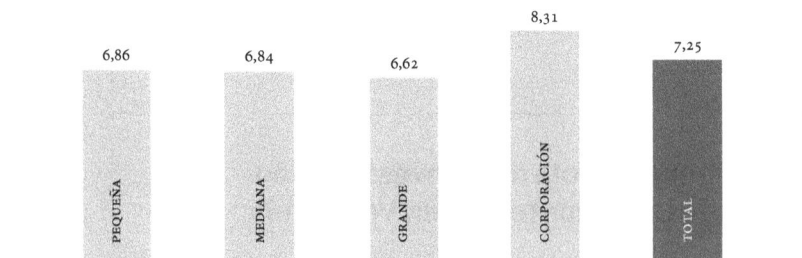

PEQUEÑA	MEDIANA	GRANDE	CORPORACIÓN	TOTAL
6,86	6,84	6,62	8,31	7,25

Fuente: Jiménez (2009).

RESUMEN DEL CAPÍTULO

No analizar la competencia implica riesgos, que muchas veces no se materializan, simplemente porque los competidores no responden a las acciones de una empresa o lo hacen de manera inadecuada. Incorporar el análisis de la competencia como una práctica en la toma de decisiones traerá diversas ventajas, entre las que destacan ganar un contrato específico, mejorar el desempeño —al evitar que las acciones de los competidores tomen por sorpresa a la gerencia—, incorporar aprendizajes y hasta identificar nuevas oportunidades de negocio.

Estas ventajas potenciales, sin embargo, muchas veces se enfrentan a creencias que impiden que las empresas realicen este tipo de análisis de manera regular. La más importante de ellas entre las empresas venezolanas es suponer que se conoce muy bien a los competidores porque se les enfrenta día a día. Sin embargo, hay que destacar que las empresas venezolanas reconocen la importancia de analizar la competencia.

TRES PRÁCTICAS CLAVE

1 Decidir con información sobre el mercado y sobre las posibles respuestas de la competencia.
2 Analizar la competencia de manera sistemática y no sólo para responder a coyunturas y necesidades específicas. El mercado y los competidores cambian: el conocimiento sobre ellos no puede quedarse atrás.
3 No incurrir en prácticas antiéticas de investigación de la competencia.

GLOSARIO

BENCHMARKING: proceso sistemático para incorporar mejoras en una empresa, mediante una comparación de sus productos, servicios o procesos con los de las compañías que posean las mejores prácticas. Estas empresas referenciales pueden pertenecer o no al mismo sector de actividad.

Espionaje industrial: práctica y conjunto de técnicas referidas a la recolección de información confidencial mediante medios ilícitos. Las técnicas más comunes del espionaje son la infiltración, el soborno y el chantaje.

3

Los competidores en el contexto de la inteligencia competitiva

DECIDIR EN MEDIO DE LA INCERTIDUMBRE

Quizás casi todos los gerentes han estado más de una vez en situaciones en donde reina la incertidumbre. ¿Qué hacer? ¿Cuándo? ¿Cómo? Estas preguntas los invaden cada vez que deben tomar decisiones estratégicas —decidir el posicionamiento de la marca, por ejemplo— o tácticas —tales como fijar el precio de venta de un producto.

Aun cuando la experiencia en una actividad determinada ayuda a disminuir la ansiedad, la gran cantidad de temas y variables sobre los que hay que decidir complica mucho las cosas. ¿Qué aspectos deben considerarse? ¿Qué variables deben analizarse en un ambiente tan complejo? ¿Por dónde comenzar? Éstas son algunas de las preguntas que un gerente debe formularse.

Lo primero que debe tenerse claro es cuál es el problema. ¿Defender una posición competitiva? ¿Vender más a los clientes actuales? ¿Atender nuevos segmentos del mercado? Estas interrogantes deben ser resueltas con la ayuda de la experiencia gerencial y con información que contribuya a dibujar los mapas que apoyarán esas decisiones.

Un sistema de información de inteligencia de mercados debe analizar tres ámbitos clave: la empresa, el microentorno y el macroentorno. Estos tres ámbitos siguen siendo muy amplios y complejos en sí mismos, pero comprenderlos ayuda a simplificar las áreas que la empresa debe tener en cuenta en su análisis del mercado, de manera de explotar sus capacidades, minimizar las amenazas y aprovechar las oportunidades.

Figura 3.1
Los ámbitos de la inteligencia competitiva

Fuente: Santesmases (2007).

COMENZAR POR UN AUTOANÁLISIS

Comprender qué se es como organización es una actividad tan básica como olvidada en las iniciativas de inteligencia de mercados. Generalmente, las unidades de mercadeo, planificación estratégica o inteligencia de mercados se orientan hacia lo que ocurre fuera de la organización, pues, al final de cuentas, esa es su misión. Sin embargo, no debe olvidarse lo siguiente:

- Para entender el mercado debe saberse qué pasa en la empresa. Dicho en términos más instrumentales, para recoger información del mercado debe primero identificarse y comprenderse los indicadores internos de gestión y resultados.
- Para dimensionar las oportunidades y las amenazas debe comenzarse por conocer las capacidades internas que permitirán aprovechar las oportunidades o minimizar el impacto de las amenazas.

ANÁLISIS DE LA COMPETENCIA

Ahora bien, ¿en cuáles aspectos se deben concentrar los esfuerzos para evitar dispersarse en análisis sobre la situación interna y sus posibilidades de mejorarla? Michael Porter (1985) recomienda centrar el estudio de la competencia en cuatro aspectos fundamentales: objetivos futuros, supuestos, estrategia y capacidades. Emplear este marco de referencia no sólo permite dimensionar las fortalezas y debilidades de la empresa sino, además, familiarizarse con el tipo de análisis que debe hacerse de los competidores, así como con las métricas que se requieren para su seguimiento y análisis.

Figura 3.2
Marco de referencia para el autoanálisis

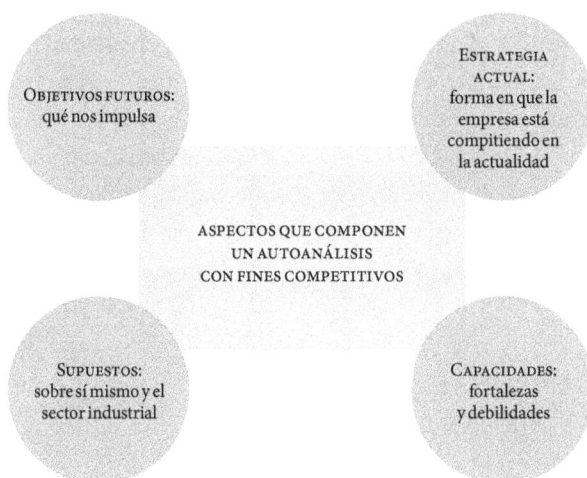

OBJETIVOS FUTUROS: qué nos impulsa

ESTRATEGIA ACTUAL: forma en que la empresa está compitiendo en la actualidad

ASPECTOS QUE COMPONEN UN AUTOANÁLISIS CON FINES COMPETITIVOS

SUPUESTOS: sobre sí mismo y el sector industrial

CAPACIDADES: fortalezas y debilidades

Fuente: Porter (1985).

Elegir los objetivos futuros es de gran utilidad en el análisis competitivo, porque permite establecer qué aspectos son clave para que la empresa esté o no satisfecha con su posición en el mercado. Tener 30 por ciento de participación de mercado, por ejemplo, puede ser un éxito o un fracaso dependiendo de cuál fue el objetivo que se fijó la empresa. Entender esto es fundamental para determinar el efecto que los movimientos del mercado pueden tener en el alcance de las metas empresariales.

Comprender los supuestos sobre la propia empresa y el sector de actividad en el que se opera ayuda a entender la dinámica del proceso de decisión. Si se espera, por ejemplo, que los próximos tres años sean de crecimiento de la demanda, hay que prepararse para esos cambios. Asimismo, cuando se hacen explícitos los supuestos acerca del sector de actividad, se está comenzando a analizar la competencia, porque es probable que los competidores también estén trabajando con los mismos supuestos.

Estos dos aspectos (objetivos futuros y supuestos) hacen referencia a las cosas que impulsan a una organización. El tercer elemento es la estrategia. ¿Qué está haciendo la empresa para competir? ¿Está vendiendo a bajo precio o está manteniendo productos que le permiten cobrar un precio *premium*? ¿Está especializada en un rubro o mantiene una amplia cartera de productos y servicios? ¿Promueve su oferta mediante una estrategia *push*, en la que el canal impulsa los productos, o se apoya en publicidad?

Éstas son algunas preguntas típicas que los gerentes deben formularse a la hora de definir la estrategia. Muchas veces la estrategia está escrita y la organización la conoce en detalle. En otros casos no es explícita y la empresa acomete acciones por la iniciativa aislada de sus unidades y componentes.

Finalmente, el estudio de las capacidades es un análisis de las fortalezas y las debilidades de la organización para competir. Este análisis se debe basar no sólo en las presunciones del equipo gerencial acerca de la empresa, sino en la información que los estudios revelen acerca de la manera como el mercado ve a la organización.

COMPRENDER EL MICROENTORNO:
FOCO EN LOS CONSUMIDORES

El microentorno está formado por clientes, consumidores, proveedores, canales de distribución y competidores. Este último grupo es el centro de atención de este libro, por lo que no se detallará en esta sección. En su lugar, se comenzará con los consumidores, por la importancia que tienen para las empresas.

Es común que los análisis de inteligencia de negocios se centren en los clientes, debido a que muchas de las bases de datos de las empresas registran las transacciones que ellos realizan. Sin embargo, es frecuente que las empresas vendan sus productos a clientes que no son los consumidores finales, de quienes tienen, en general, poca información. Incluso en empresas que realizan investigaciones de mercado, el conocimiento de los consumidores muchas veces depende de bases de datos que atienden necesidades específicas o coyunturales, y que no son parte de un sistema de análisis integral de mercado. Una base de datos sobre los consumidores que sirva para mantener un sistema de inteligencia competitiva debe incluir información sobre posicionamiento de la marca, hábitos relacionados con el producto o servicio, precios y canales de distribución, entre otros aspectos.

Cuadro 3.1

Información del consumidor necesaria para un sistema de inteligencia competitiva

ÁREA	PREGUNTAS
SEGMENTACIÓN DE MERCADO	• Cuántos segmentos tiene el mercado y cuáles son sus características • Cuáles variables determinan la segmentación • Volumen de negocios previsto en cada segmento • Participación de mercado de la empresa en cada segmento
POSICIONAMIENTO	• Influencia de la marca en la decisión de compra • Conocimiento de la marca (espontáneo o con ayuda) comparado con la competencia • Principales atributos asociados con las marcas propias y con la competencia • Grado de lealtad de la marca frente a la competencia
HÁBITOS Y USOS	• Atributos que influyen en la decisión de compra en la categoría • Frecuencia de compra y consumo • Lugares de compra y consumo • Evolución reciente del consumo y sus perspectivas • Formas como se consumen o utilizan los productos o servicios: complementarios, ocasiones, lugares de consumo, etcétera
PRODUCTOS	• Etapa del ciclo de vida del producto • Necesidades que satisface el producto • Participación de mercado. • Productos sustitutos. • Competidores directos e indirectos
PRECIOS	• Elasticidad precio de la demanda • Brecha de precios entre la empresa y sus principales competidores • Precio *premium* máximo por marca y tipo de producto (en el caso de productos diferenciados)
PROMOCIONES	• Sensibilidad de los consumidores a las promociones • Tipos de promociones más efectivas por segmentos • Porcentaje de recordación publicitaria promedio de la categoría
CANALES	• Participación de cada canal en las ventas totales y por productos • Preferencia de canales por segmento

¿QUÉ ESTÁ PASANDO EN EL MACROENTORNO?

En mercados muy volátiles, como el de muchos países latinoamericanos, tradicionalmente el entorno político y económico ha sido objeto de gran preocupación de los gerentes. Como resultado, muchas empresas destinan gran parte de su capacidad de análisis, durante más tiempo del necesario, a lo que pasa fuera de ellas.

Sin embargo, estar pendiente de lo que pasa afuera no siempre sirve para el esfuerzo sistemático y organizado de formular estrategias no sólo coherentes, sino que aprovechen las posibles ventajas de un entorno volátil. Además, se cree que el entorno de la empresa son sólo las variables macroeconómicas y políticas, y se olvidan así otras realidades, como las tecnológicas y las sociales.

Cada vez más, las organizaciones exitosas consideran las opciones que el futuro les presenta. El reto es, entonces, desarrollar capacidades organizacionales para evaluar las tendencias políticas, económicas, sociales, legales y tecnológicas, de forma de responder adecuadamente a ellas y ganar ventaja en el mercado.

En este sentido, el análisis de escenarios es una herramienta de planificación útil en entornos muy inciertos. Los escenarios permiten no sólo conocer los aspectos del macroentorno de la organización, sino que presentan futuros alternativos basados en las características y las tendencias del entorno actual y en las propias decisiones de la empresa. Como lo expresó Ged Davis, director gerente del Centro para el Pensamiento Estratégico del Foro Económico Mundial: «Algunas veces el mundo puede parecer tan complejo e impredecible que se hace difícil tomar decisiones. La construcción de escenarios es una disciplina para romper esta barrera» (Shell International, 2003).

Los escenarios son una técnica para pensar acerca del futuro. Un escenario describe un futuro posible, pero como existen varios futuros posibles, suelen elaborarse diversos escenarios alternativos. Quienes deciden los emplean para estudiar los cambios importantes que les preocupan del entorno de la empresa y para explorar maneras de enfrentarlos. También son utilizados para analizar los posibles impactos a pequeña escala que pueden tener las variables del entorno.

Figura 3.3

Aspectos que los escenarios colocan en la agenda

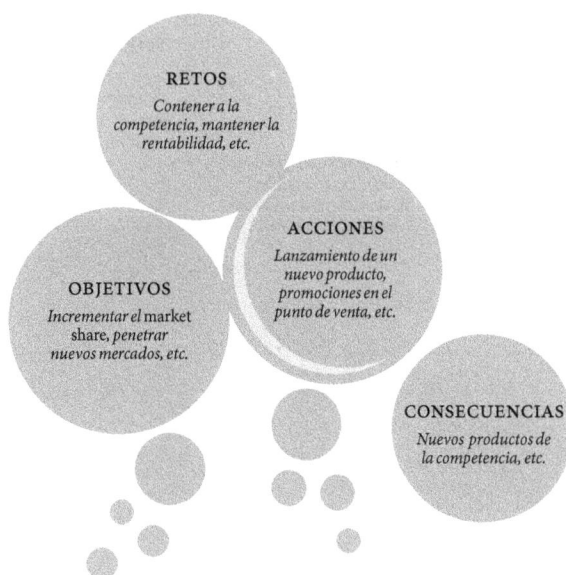

RETOS
Contener a la competencia, mantener la rentabilidad, etc.

ACCIONES
Lanzamiento de un nuevo producto, promociones en el punto de venta, etc.

OBJETIVOS
Incrementar el market share, penetrar nuevos mercados, etc.

CONSECUENCIAS
Nuevos productos de la competencia, etc.

Si bien la técnica de los escenarios ha sido empleada desde los años cincuenta, la palabra «escenario» la utilizó por primera vez Herman Kahn en su libro *El año 2000*, publicado en 1967. Los escenarios se popularizaron de la mano de la empresa petrolera Royal Dutch/Shell, que los empleó por primera vez en 1971 para evaluar sus opciones estratégicas, y fueron de gran utilidad para anticipar lo que vendría dos años después con el alza de los precios del petróleo.

Hay varias maneras de emplear o elaborar escenarios. El uso más básico consiste en adoptar escenarios creados por analistas o empresas especializadas, de forma que el presupuesto contemple al menos varias situaciones futuras posibles. Una segunda opción consiste en adaptar esos escenarios a la realidad del negocio, mediante el análisis de las variables del entorno que más afectan al sector al que pertenece la empresa. Una tercera y más compleja manera es elaborar escenarios a la medida de la empresa; para ello se deben identificar las variables inciertas que enfrenta la organización y determinar cuáles tienen mayor impacto, de forma que los escenarios obedezcan a la dinámica del sector y de la empresa.

Figura 3.4

Tres maneras de emplear o elaborar escenarios

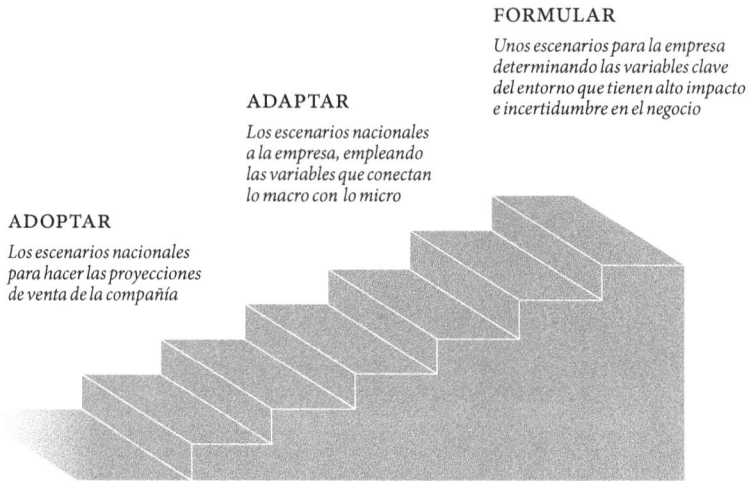

FORMULAR

Unos escenarios para la empresa determinando las variables clave del entorno que tienen alto impacto e incertidumbre en el negocio

ADAPTAR

Los escenarios nacionales a la empresa, empleando las variables que conectan lo macro con lo micro

ADOPTAR

Los escenarios nacionales para hacer las proyecciones de venta de la compañía

▶▶▶ ## Escenarios para una empresa del sector lácteo [3]

En 1995, una empresa láctea de capital privado, fundada en 1950 por inversionistas nacionales, tenía poca participación de mercado y escasa rentabilidad. La industria láctea estaba muy regulada por el Gobierno, y era inminente la formación de alianzas entre empresas que afectarían la dinámica competitiva del sector.

La gerencia consideraba que la principal fuente de incertidumbre era la falta de un plan económico estructurado y coherente para los siguientes tres años. Para responder estas inquietudes, se decidió emplear la técnica de elaboración de escenarios.

Los principales problemas que enfrentaba la empresa eran los resultados económicos insatisfactorios de los productos refrigerados y la

---

[3] Los escenarios fueron elaborados por José Antonio Gil (1995). La documentación fue realizada por Patricia Rodríguez (1995).

gran dependencia de la importación de productos pulverizados. Frente a esta situación, la gerencia propuso: 1) incrementar los volúmenes de venta, 2) cambiar la cultura corporativa, para orientarla al consumidor y 3) aumentar la competitividad de la empresa.

Luego de identificar los microprocesos (relacionados con las tendencias del mercado y de la industria) y los macroprocesos (el entorno económico y político), se elaboró una matriz de impacto e incertidumbre de la que resultó que el balance económico y la competencia eran los factores clave para el análisis.

Matriz de impacto e incertidumbre

		INCERTIDUMBRE		
		BAJA	MEDIA	ALTA
IMPACTO	ALTO	• Continuación de programas sociales • Insuficiencia de producción de leche cruda	• Nuevos canales de distribución • Incremento de las exportaciones • Nuevos desarrollos • Controles de precios • Políticas sociales	• Riesgo cambiario • Inflación • Importaciones • Política fiscal y política monetaria, costo del dinero • Prestaciones sociales • Aumentos salariales • Competencia: quién invierte
	MEDIO			
	BAJO			

Fuente: Gil (1995).

Luego se sintetizaron los valores de los ejes de los escenarios de la siguiente manera. En un primer eje se representó el balance económico, cuyos extremos son «anárquico» y «paradójico». El extremo anárquico representa un fracaso en términos del control de la inflación y el equilibrio fiscal, acompañado de una pérdida de popularidad del líder. En el otro extremo se presenta una situación en la que la población sigue apoyando al presidente de entonces, Rafael Caldera, a la vez que se logra el equilibrio fiscal mediante medidas ortodoxas, como aumento de impuestos, aumento del precio de la gasolina, privatizaciones, devaluación y liberación del tipo de cambio. El segundo eje, relativo a la competencia, refleja dos extremos. En uno, la empresa incrementa su participación de mercado mediante la adquisición de otras empresas. En el otro, por el contrario, pierde esa participación porque un competidor más grande compra la empresa. Este eje refleja un mercado rígido en el que los grandes cambios en la participación de mercado ocurren mediante adquisiciones o fusiones entre empresas.

Síntesis de los ejes de incertidumbre

	Balance económico	
ANÁRQUICO (-)		PARADÓJICO (+)
ABSORBEN OTRAS EMPRESAS (-)	Competencia	ABSORBEN LA EMPRESA (-)

Fuente: Gil (1995).

Al combinar estos dos ejes se obtuvieron los siguientes escenarios:

Escenarios para una empresa del sector lácteo

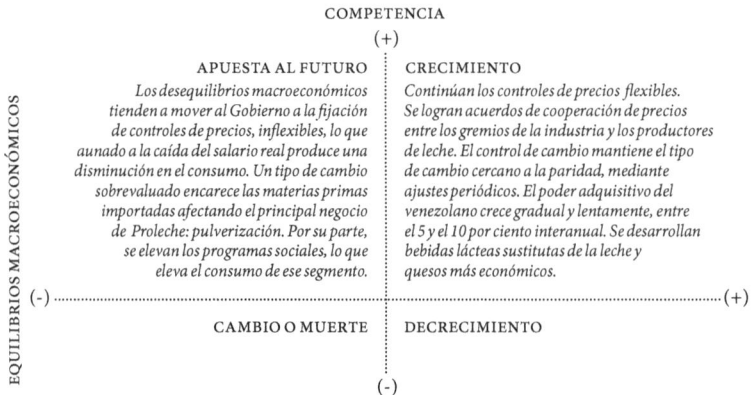

COMPETENCIA (+)

EQUILIBRIOS MACROECONÓMICOS

APUESTA AL FUTURO
Los desequilibrios macroeconómicos tienden a mover al Gobierno a la fijación de controles de precios, inflexibles, lo que aunado a la caída del salario real produce una disminución en el consumo. Un tipo de cambio sobrevaluado encarece las materias primas importadas afectando el principal negocio de Proleche: pulverización. Por su parte, se elevan los programas sociales, lo que eleva el consumo de ese segmento.

CRECIMIENTO
Continúan los controles de precios flexibles. Se logran acuerdos de cooperación de precios entre los gremios de la industria y los productores de leche. El control de cambio mantiene el tipo de cambio cercano a la paridad, mediante ajustes periódicos. El poder adquisitivo del venezolano crece gradual y lentamente, entre el 5 y el 10 por ciento interanual. Se desarrollan bebidas lácteas sustitutas de la leche y quesos más económicos.

(-) .... (+)

CAMBIO O MUERTE · DECRECIMIENTO

(-)

Fuente: Gil (1995).

RESUMEN DEL CAPÍTULO

Investigar a los competidores es clave en un sistema de inteligencia competitiva, porque los competidores son parte del microentorno de la empresa, junto con proveedores, clientes y canales de distribución. La propia empresa y el entorno macro también forman parte del sistema de inteligencia competitiva.

Es recomendable que una iniciativa de inteligencia competitiva comience por conocer la propia empresa, en lo que respecta a sus capacidades, estrategias, objetivos futuros y supuestos sobre sí misma y sobre la industria a la que pertenece. Este autoanálisis será de gran ayuda para comprender el mercado y la competencia. También es fundamental que un sistema de inteligencia competitiva permita conocer a los consumidores: a qué segmentos llega la empresa, cómo ven los consumidores a las marcas y qué factores deciden la compra, entre otros muchos aspectos. La comprensión y el seguimiento de estas realidades se traducirán en ventajas competitivas, porque permitirán desarrollar productos y servicios adecuados a las necesidades del mercado, e identificar segmentos de gran crecimiento y rentabilidad.

El tercer elemento clave es el entorno macro de la empresa, que comprende no sólo los aspectos económicos y políticos, sino los cambios tecnológicos y sociales. Para manejar la incertidumbre y la gran volatilidad de los mercados, es recomendable emplear escenarios y así no apostar por un futuro único, sino contemplar las distintas posibilidades que podría enfrentar la empresa.

TRES PRÁCTICAS CLAVE

1   Comenzar por un autoanálisis que permita conocer la propia empresa.
2   Conocer cómo ven los clientes a la competencia, gracias a la información que aporte la investigación de mercados.
3   Formular escenarios de planificación que consideren varios futuros posibles para la empresa.

GLOSARIO

ELASTICIDAD PRECIO DE LA DEMANDA: es el cociente entre el cambio porcentual de la cantidad demandada y el del precio. Si la cantidad demandada disminuye cuando el precio se incrementa, la elasticidad es negativa. La demanda es elástica si el valor absoluto de la elasticidad es mayor que 1, e inelástica si es menor que 1.

Escenarios de planificación: técnica de análisis del entorno que se usa para pensar acerca del futuro. Un escenario describe un futuro posible, pero como existen varios futuros posibles, suelen elaborarse diversos escenarios.

Participación de mercado: porcentaje de las ventas de un producto o servicio que una empresa tiene con respecto a las ventas totales del mercado en el que participa.

Precio *premium*: sobreprecio que una empresa puede cobrar por sus productos, en comparación con los de sus competidores, debido a un valor diferencial resultado de una característica o de su valor de marca.

4

Etapas de una investigación de los competidores

PRINCIPIOS Y RECOMENDACIONES

La investigación de la competencia es el proceso sistemático de obtener y analizar información acerca de los competidores en su contexto, de forma de contribuir con el proceso de toma de decisiones de negocios.

Si se está convencido de la importancia de la investigación de los competidores y de su papel en un sistema de inteligencia competitiva, entonces, ¿por dónde comenzar?

Tres principios básicos deben guiar esta tarea:

1 La investigación busca agregar valor a la toma de decisiones: toda información implica costos y esfuerzos que deben justificarse. Si la información no agrega valor a la empresa, entonces no conviene emprender iniciativa alguna.

2 La investigación debe influir en el proceso de toma de decisiones: si no es así, se tendrá información interesante pero inútil. Se habrá hecho «turismo industrial».

3 Toda investigación de la competencia debe basarse en principios éticos y legales que no comprometan la reputación y la credibilidad de la empresa: investigar la competencia es perfectamente legítimo, pero debe hacerse de

acuerdo con un cuerpo de principios éticos establecidos previamente por la organización.

Algunas recomendaciones para comenzar son las siguientes:
- Establecer claramente la propia situación competitiva y qué se quiere lograr.
- Comenzar con un objetivo concreto y cercano: esta es la mejor vía para evitar fracasos.
- Buscar ayuda con consultores, académicos o colegas.
- Garantizar, en la medida de las propias capacidades, los recursos humanos y financieros necesarios para emprender la investigación.

Una vez que se tengan en cuenta estos principios y recomendaciones, se estará listo para investigar la competencia. Una investigación de este tipo tiene cuatro etapas: identificación, recolección, análisis y comunicación. Cada etapa será desarrollada con mayor detalle en capítulos posteriores. No obstante, a continuación se ofrecerá una visión general de cada una de ellas y de los factores críticos que garantizan el éxito en su ejecución.

Etapas de una investigación de la competencia

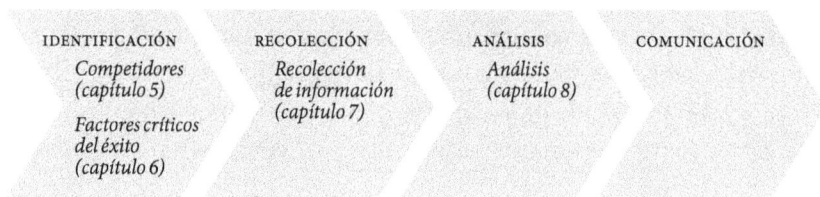

IDENTIFICACIÓN	RECOLECCIÓN	ANÁLISIS	COMUNICACIÓN
Competidores (capítulo 5)	*Recolección de información (capítulo 7)*	*Análisis (capítulo 8)*	
Factores críticos del éxito (capítulo 6)			

Fuente: Jiménez y Sánchez (2001).

IDENTIFICACIÓN

Esta primera etapa es crucial. En ella se deben clarificar aspectos relativos al estudio que está por iniciarse y que orientarán el trabajo posterior. El factor crítico de esta etapa es establecer cuán estratégicamente relevante es la información que se busca.

Las preguntas que deben formularse antes de comenzar pueden ser estratégicas o tácticas. Ejemplos de preguntas estratégicas son las siguientes:

- Cuál es el problema de negocios: ¿vender más a los clientes actuales? ¿Defender una posición de mercado?
- Qué decisiones deben adoptarse: incorporar nuevos productos a la cartera, aumentar los precios, desarrollar una campaña promocional, entre otras.

Estas interrogantes no sólo son necesarias a la hora de acometer una investigación de la competencia, sino en cualquier iniciativa de inteligencia competitiva o investigación de mercados tradicional.

Las siguientes son ejemplos de preguntas tácticas o más relacionadas con el estudio de la competencia:

- Quiénes son los competidores directos y con qué empresas se compite indirectamente, en términos del grado de sustitución en el mercado.
- Qué información específica de la competencia se necesita, según el problema de negocios planteado.

Las consideraciones acerca de estas preguntas serán expuestas en el capítulo cinco, relativo a la identificación de la competencia y en el capítulo seis, dedicado a los factores críticos del éxito.

RECOLECCIÓN

Esta etapa es, sin duda, una de las que más preocupa a los investigadores, tanto por el tiempo que consume como por las consideraciones éticas que deben tenerse cuando se busca información de la competencia. Esta etapa es el corazón de la investigación, debido a las dificultades de conseguir este tipo de información en un país con un mercado de valores poco desarrollado.

La eficiencia es un factor crítico en esta etapa, porque debe decidirse con rapidez, y porque el proceso de recolectar información es laborioso y consume tiempo. Las tareas relativas a esta etapa serán abordadas con mayor detalle en el capítulo siete.

ANÁLISIS

Una vez obtenida la información sobre la competencia, debe analizársela cuidadosamente para apoyar el proceso de decisiones. Este análisis debe considerar que la información que se dispone no siempre ofrece una visión completa de la situación y, por tanto, debe ser tratada responsablemente.

El análisis de la información de la competencia debe contribuir a un entendimiento de la situación de los competidores y de sus capacidades o limitaciones para responder ante ciertos hechos. Nunca debe pretenderse especular sobre qué hará exactamente la competencia en una situación concreta, sino suponer posibles cursos de acción.

Los principales errores que suelen cometerse en esta etapa es no ser objetivos frente a los resultados de la investigación y, por ejemplo, dejarse llevar por el entusiasmo ante datos favorables y no ser lo suficientemente acuciosos o escépticos para dudar de ellos. Por tanto, el factor crítico de esta etapa es la objetividad. El capítulo ocho presenta diferentes herramientas y criterios para analizar objetivamente la competencia.

COMUNICACIÓN

Cualquier investigación de la competencia debe influir en las decisiones de la empresa. Por ello, la información debe ser transmitida a la organización, de forma que pueda ser utilizada por la gerencia y las unidades responsables. La información acerca de la competencia debe divulgarse con mucho cuidado, respetando ciertos principios éticos de confidencialidad y seguridad.

Es muy común caer en la tentación de tratar de predecir el comportamiento de los competidores, sin advertir las limitaciones de la información que se posee; el riesgo es perder credibilidad. Este es precisamente el factor crítico de esta etapa: si las investigaciones no gozan de credibilidad en la organización, sencillamente dejarán de ser consideradas como insumos para las decisiones.

PRÁCTICAS DE ANÁLISIS DE LA COMPETENCIA EN VENEZUELA

Si bien las empresas venezolanas le atribuyen gran importancia al análisis de la competencia (tal como se muestra en el recuadro del capítulo dos), 24 por ciento de las compañías entrevistadas declaran no analizar a los competidores. Por su parte, el grupo mayoritario está constituido por un 48 por ciento que afirma evaluar permanentemente a las empresas más importantes de su sector. El 28 por ciento restante manifiesta que sus iniciativas son esporádicas.

Figura 4.1

Frecuencia con la que se investiga la competencia

(porcentajes de respuestas)

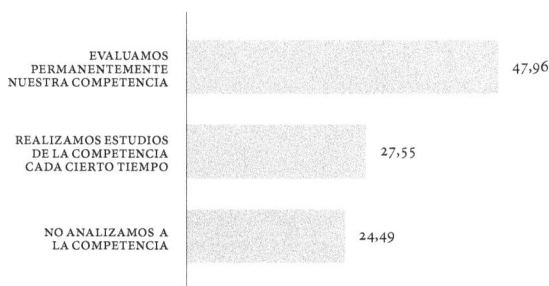

EVALUAMOS PERMANENTEMENTE NUESTRA COMPETENCIA	47,96
REALIZAMOS ESTUDIOS DE LA COMPETENCIA CADA CIERTO TIEMPO	27,55
NO ANALIZAMOS A LA COMPETENCIA	24,49

Fuente: Jiménez (2009).

Se observó cierta relación entre la percepción de la rivalidad en los sectores de actividad y la práctica de la investigación de la competencia. Los sectores cuyas empresas perciben gran rivalidad con los competidores —como el financiero, las telecomunicaciones y los medios y la publicidad— son los que manifiestan realizar este tipo de análisis con más frecuencia. Por su parte, en el sector de servicios a empresas, la mitad declara no realizar estudios de este tipo, a pesar de que perciben a su sector como uno en el que hay gran rivalidad.

Figura 4.2

Frecuencia con la que se investiga la competencia (por sector)

(porcentajes de respuestas)

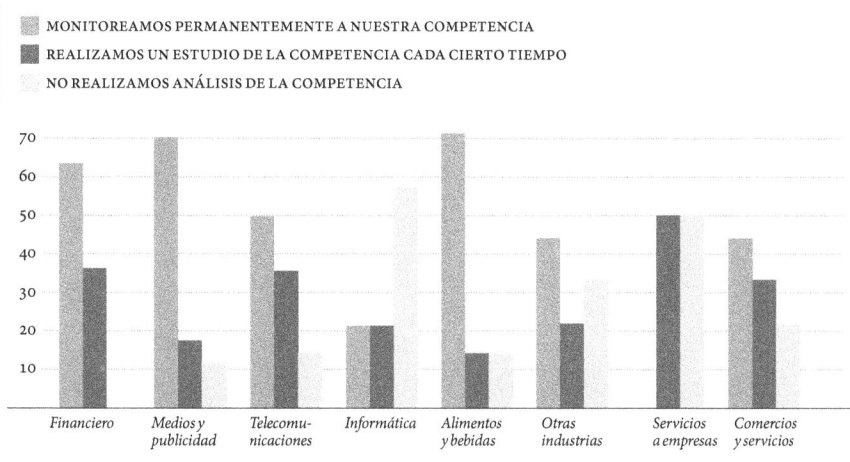

MONITOREAMOS PERMANENTEMENTE A NUESTRA COMPETENCIA
REALIZAMOS UN ESTUDIO DE LA COMPETENCIA CADA CIERTO TIEMPO
NO REALIZAMOS ANÁLISIS DE LA COMPETENCIA

Fuente: Jiménez (2009).

La relación por tamaño de empresa es positiva: a medida que la empresa es más grande, la probabilidad de realizar este tipo de análisis es mucho mayor (89 por ciento en las corporaciones versus 59 en las pequeñas).

ANÁLISIS DE LA COMPETENCIA

Figura 4.3
Frecuencia con la que se investiga la competencia (por tamaño de la empresa)
(porcentajes de respuestas)

MONITOREAMOS PERMANENTEMENTE A NUESTRA COMPETENCIA
REALIZAMOS UN ESTUDIO DE LA COMPETENCIA CADA CIERTO TIEMPO
NO REALIZAMOS ANÁLISIS DE LA COMPETENCIA

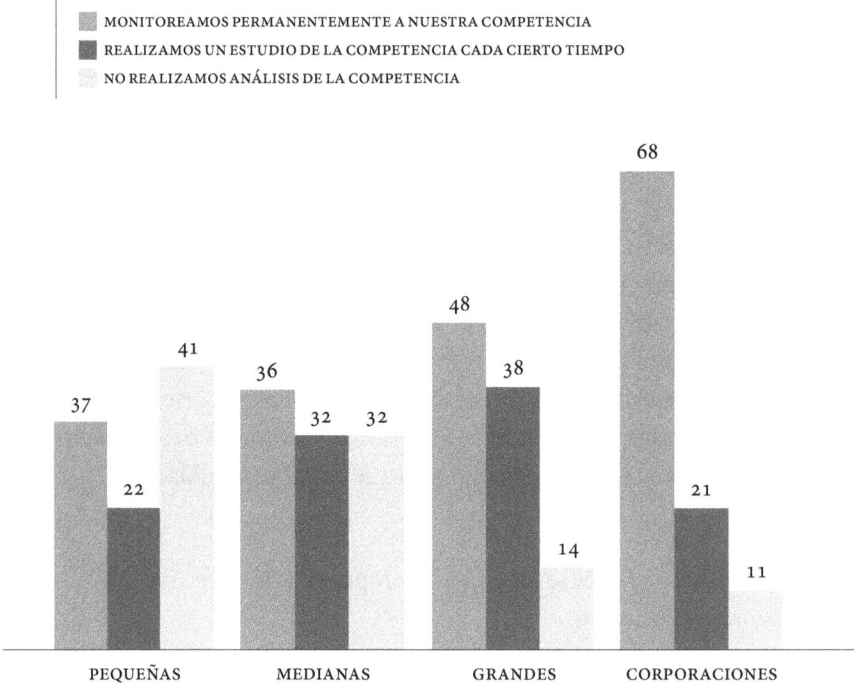

	PEQUEÑAS	MEDIANAS	GRANDES	CORPORACIONES
Monitoreamos permanentemente	37	36	48	68
Realizamos un estudio cada cierto tiempo	22	32	38	21
No realizamos análisis	41	32	14	11

Fuente: Jiménez (2009).

▶▶▶ Quién analiza la competencia

La gran mayoría de las empresas que realizan algún tipo de análisis de la competencia utilizan personal y recursos propios para efectuar sus investigaciones (especialmente las empresas pequeñas y medianas), aunque la mitad de ellas emplean algún consultor (agencias de publicidad o de investigación de mercados, principalmente).

¿Quién realiza la investigación de la competencia en las empresas venezolanas?
(porcentajes de respuestas)

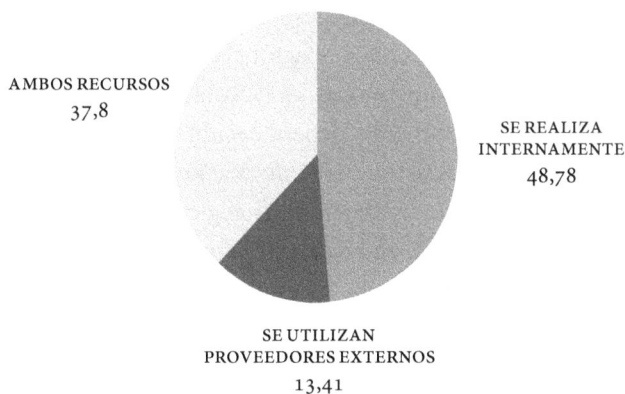

AMBOS RECURSOS
37,8

SE REALIZA
INTERNAMENTE
48,78

SE UTILIZAN
PROVEEDORES EXTERNOS
13,41

Fuente: Jiménez (2009).

Al interior de las empresas, el análisis de la competencia es una tarea asumida principalmente por los departamentos de mercadeo. También destacan los departamentos de investigación de mercados o de inteligencia de negocios, para las empresas que los poseen.

Funciones organizacionales responsables del análisis de la competencia
(porcentajes de respuestas)

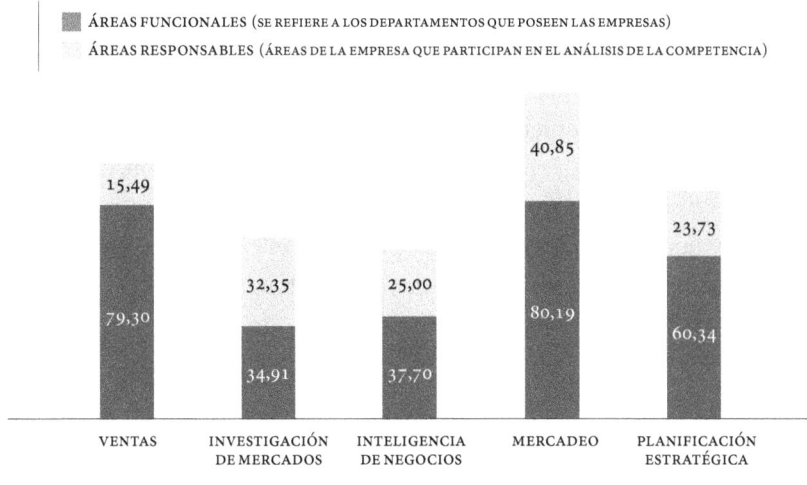

ÁREAS FUNCIONALES (SE REFIERE A LOS DEPARTAMENTOS QUE POSEEN LAS EMPRESAS)
ÁREAS RESPONSABLES (ÁREAS DE LA EMPRESA QUE PARTICIPAN EN EL ANÁLISIS DE LA COMPETENCIA)

	VENTAS	INVESTIGACIÓN DE MERCADOS	INTELIGENCIA DE NEGOCIOS	MERCADEO	PLANIFICACIÓN ESTRATÉGICA
Áreas responsables	15,49	32,35	25,00	40,85	23,73
Áreas funcionales	79,30	34,91	37,70	80,19	60,34

Fuente: Jiménez (2009).

RESUMEN DEL CAPÍTULO

Investigar la competencia es un proceso sistemático que comprende varias etapas, en cada una de las cuales hay un factor clave del éxito. La primera etapa consiste en identificar claramente cuál es el problema de negocios y qué decisiones deben tomarse. Igualmente, deberá decidirse a qué competidores se analizará y de cuáles aspectos se requiere información. En esta etapa es fundamental centrarse en los aspectos realmente estratégicos para el negocio.

Una segunda etapa consiste en recolectar la información que, en la etapa previa, se decidió que era la necesaria. En esta etapa es clave la eficiencia, pues las decisiones exigen inmediatez y los procesos de obtención de información son generalmente laboriosos y consumen mucho tiempo. Las dos últimas etapas se refieren al análisis y a la comunicación de los conocimientos dentro de la organización. En estas fases es fundamental ser lo más objetivo posible, para no caer en el error de hacer predicciones y con ello perder confianza a la hora de divulgar los análisis dentro de la organización.

Una importante proporción de empresas venezolanas realizan algún tipo de análisis de la competencia, bien sea empleando sus propios recursos o, en el caso de las más grandes, mediante consultores externos.

TRES PRÁCTICAS CLAVE

1. Comenzar cualquier iniciativa de análisis de la competencia con la delimitación del problema de negocios o de las decisiones que deban tomarse. Esta tarea permitirá conocer qué información de la competencia se necesita.
2. Hacer partícipes a quienes deben tomar las decisiones estratégicas en la empresa y a los clientes internos que necesitan la información, de forma de obtener de ellos el apoyo necesario para realizar la investigación.
3. Pedir ayuda cuando sea necesario a proveedores externos (agencias de publicidad, investigadores de mercados o consultores).

GLOSARIO

INVESTIGACIÓN DE LA COMPETENCIA: proceso sistemático para obtener y analizar información acerca de los competidores en su contexto, de forma de contribuir con el proceso de toma de decisiones de negocios.

TURISMO INDUSTRIAL: actividad de obtención de información del mercado y la competencia que no es incorporada en el proceso de toma de decisiones de la empresa y simplemente se convierte en información interesante pero inútil.

Identificación de los competidores

MÁS ALLÁ DEL ANÁLISIS DE LA COMPETENCIA

Desde la publicación, en 1960, del célebre artículo de Teodoro Levitt «La miopía del mercadeo», los gerentes y empresarios exitosos están conscientes de la importancia de identificar con quién compite una empresa, una importancia que supera los fines comerciales y de mercadeo.

El primer aspecto que vale la pena destacar es que, al mismo tiempo de que se trata de precisar cuál es la competencia, se trata también de determinar en cuál negocio se quiere estar. En este sentido, el fundamento de todo el análisis es especificar la necesidad que la empresa quiere satisfacer.

Levitt emplea la industria del transporte como ejemplo. ¿En cuál industria se compite? ¿En la del ferrocarril? ¿En el negocio del transporte? Una empresa de televisión por suscripción, ¿compite en la industria de la televisión comercial o en la industria del entretenimiento? Todos los esfuerzos por responder estas preguntas apuntarán constantemente a la demanda, es decir, al deseo de los consumidores.

Especificar con quién se compite puede también apoyar el posicionamiento de la empresa en una categoría de negocios. Es lo que Alice Tibout y Brian Sternthal (2001) llaman el «posicionamiento basado en la competencia»: elegir a un «competidor referente» ayuda a establecer la «membresía» de una marca a una categoría determinada; es posicionar una marca en el mercado mediante la comparación con un actor ampliamente reconocido. Por ejemplo, si se desea posicionar a una marca en el mercado de encomiendas privadas, basta con decir que se compite con MRW o DHL.

EL EMBUDO DE LA COMPETENCIA: ENTRE LO ESTRATÉGICO Y LO TÁCTICO

Establecer quién es la competencia, a efectos de realizar un análisis de inteligencia de mercados, impone el dilema de adoptar un enfoque amplio o un enfoque en la categoría de negocio. Este dilema se ilustra en lo que se denomina el «embudo de la competencia».

Un enfoque amplio de definición de la competencia selecciona a los competidores de acuerdo con la capacidad que tengan para satisfacer las necesidades que cubren una empresa o producto. Este enfoque considera como competidores a otros eslabones en la cadena de producción o tecnologías que podrían sustituir a la que una empresa ofrece. Si bien este análisis ofrece grandes ventajas para identificar amenazas y oportunidades, puede distraer del análisis a los rivales más cercanos, que imponen las presiones competitivas de corto plazo.

Por su parte, un enfoque en la categoría de negocio se centra en el análisis de los competidores más cercanos en el sector de actividad de la empresa. La identificación del número de competidores a los cuales hacer seguimiento es una función de la concentración industrial en el sector de actividad y de la dinámica de la competencia. Este enfoque puede llegar, incluso, a centrar los esfuerzos en una sola empresa, práctica denominada «*targeting* del competidor».

Figura 5.1
El embudo de la competencia

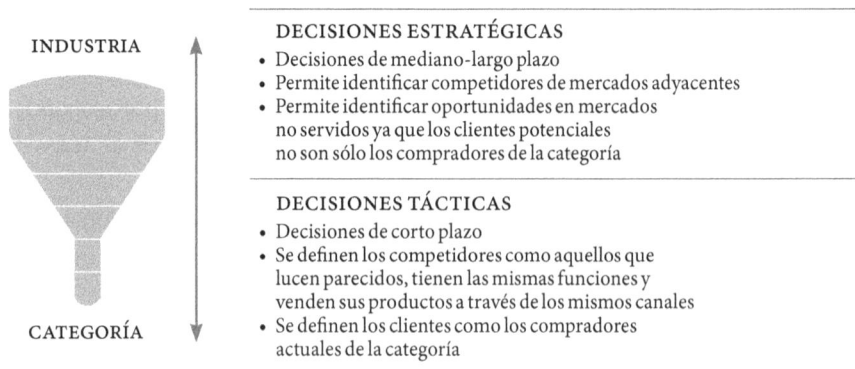

INDUSTRIA	DECISIONES ESTRATÉGICAS
	• Decisiones de mediano-largo plazo
	• Permite identificar competidores de mercados adyacentes
	• Permite identificar oportunidades en mercados no servidos ya que los clientes potenciales no son sólo los compradores de la categoría
	DECISIONES TÁCTICAS
	• Decisiones de corto plazo
	• Se definen los competidores como aquellos que lucen parecidos, tienen las mismas funciones y venden sus productos a través de los mismos canales
CATEGORÍA	• Se definen los clientes como los compradores actuales de la categoría

Estos dos enfoques no tienen por qué ser antagónicos; por el contrario, una sugerencia es que las empresas se muevan entre ellos: un enfoque de categoría para atender las necesidades competitivas del día a día, y un enfoque de la industria para análisis estratégicos al menos una vez por año. Una combinación de este tipo optimiza el uso de los recursos en la obtención de la mayor cantidad y calidad de información para la toma de decisiones.

LOS MAPAS DEL NEGOCIO

La adopción de un enfoque amplio para identificar la competencia requiere que se tenga claro el negocio en el cual participa la empresa, en términos de la necesidad que se pretende satisfacer.

Un buen ejemplo de ello lo constituyen los centros comerciales. En su concepción tradicional, estos centros eran lugares con importantes concentraciones de tiendas, cuya principal actividad era el comercio y los servicios. Hoy éstos ofrecen una diversa gama de actividades, entre las cuales se encuentra el entretenimiento. ¿Se puede decir que los centros comerciales están en el negocio inmobiliario debido a que poseen cuantiosas inversiones en bienes inmuebles? En un sentido sí, pues parte importante de su actividad está centrada en ese negocio, pero también es cierto que ya forman parte de la industria del entretenimiento, en la que tratan de captar la atención de los consumidores.

Un mapa del negocio es la representación gráfica de los diferentes componentes de un sector de actividades, de manera de visualizar sus subsectores y las empresas que participan en ellos. Este ejercicio, sin duda, permite que la empresa ponga en perspectiva su negocio y evalúe no sólo en qué actividades desea participar, sino con quién competiría en cada una de ellas.

Cuadro 5.1
Ejemplo de un mapa de negocio: la industria del entretenimiento

	ÁREAS FÍSICAS DE ESPARCIMIENTO			
	HOGARES	CLUBES PRIVADOS	LOCALES COMERCIALES Y PARQUES CERRADOS	CALLES Y ÁREAS PÚBLICAS
LUGARES	Hogar propio, de familiares o de amigos	Club social, étnico o deportivo	Restaurantes, cafés, heladerías, sitios nocturnos, cines, teatros, estadios, cibercafés, bingos, casinos, hipódromos	Playas, montañas, plazas, centros comerciales

ANÁLISIS DE LA COMPETENCIA

▶ Continuación del cuadro 5.1, que inicia en la página anterior

	ÁREAS FÍSICAS DE ESPARCIMIENTO			
	HOGARES	CLUBES PRIVADOS	LOCALES COMERCIALES Y PARQUES CERRADOS	CALLES Y ÁREAS PÚBLICAS
ACTIVIDADES	Ver televisión, escuchar música o radio, leer, navegar por internet	Arte, deportes, juegos de mesa	Desayunar, almorzar, cenar, merendar, tomar, bailar, comer helados, ver espectáculos deportivos, jugar juegos de envite y azar, ver películas	Caminar, trotar, manejar bicicleta, hacer picnic, tomar un baño, asolearse, comprar
PRODUCTOS	Televisores, radios, reproductores vhs y dvd, reproductores mp3 y cd, películas, periódicos, libros, revistas, computadoras, *softwares*, juegos de video	Alimentos y bebidas	Alimentos y bebidas, prendas de vestir, mercancía deportiva, billetes de lotería, películas	Alimentos y bebidas, bronceadores, prendas de vestir, mercancía deportiva
SERVICIOS	Televisión por suscripción, alquiler de videos, páginas web, radiodifusión, plantas de televisión	Alimentación, estacionamiento, mantenimiento, recreadores, comercios	Alimentación, estacionamiento, mantenimiento, recreadores, comercios	Alimentación, estacionamiento, mantenimiento, recreadores, comercios

CRITERIOS PARA IDENTIFICAR LOS COMPETIDORES CLAVE

Si una empresa concentra sus esfuerzos en analizar las compañías que participan en su categoría (otros centros comerciales, por ejemplo), ¿a cuáles seleccionar?

Si la industria es un mercado oligopólico o con gran concentración industrial, es probable que los esfuerzos se centren en las empresas con mayor participación de mercado. Este criterio es muy lógico, porque una acción que busque aumentar la participación en la categoría podría pasar por «quitarle» clientes al líder o a las empresas más grandes, en comparación con una estrategia de hacer crecer la categoría, en cuyo caso también los líderes tendrían mucho que decir.

A medida que los mercados se atomizan, la selección de los competidores se complica. Para salvar este obstáculo, he aquí algunas características que pueden servir de guía para concentrar la atención en una empresa competidora:

- Ofrece productos y servicios similares dentro de la industria.
- Tiene buena reputación e imagen.
- Emplea estrategias similares (precios bajos, por ejemplo).
- Impone mayores presiones competitivas (como reducciones de precios o promociones).
- Ha mostrado tendencia a crecer más.
- Tiene mayor presencia en los canales de comercialización.

EL APORTE DE LA INVESTIGACIÓN DE MERCADOS

La investigación de mercados tiene mucho que aportar en la identificación de los competidores clave, pues el criterio básico es determinar quiénes satisfacen o intentan satisfacer la misma necesidad de los clientes de una empresa.

En este sentido, la investigación de mercados ha desarrollado un cúmulo de técnicas, tales como mapas perceptuales, análisis conjunto y segmentación de mercados.

Cuadro 5.2
La investigación de mercados y la identificación de los competidores

ANÁLISIS	DESCRIPCIÓN	APLICACIÓN EN LA IDENTIFICACIÓN DE LOS COMPETIDORES
Mapas perceptuales	Procedimiento mediante el cual la información sobre diversas variables es asociada en un gráfico bidimensional que permite visualizar la posición relativa de cada marca con respecto a los atributos relacionados con la categoría	Permite visualizar con qué otros proveedores o marcas los consumidores asocian nuestra empresa. Los competidores más cercanos serán aquellos que comparten el mismo posicionamiento que el nuestro y aquellos que estén muy relacionados con los atributos clave de la categoría

ANÁLISIS	DESCRIPCIÓN	APLICACIÓN EN LA IDENTIFICACIÓN DE LOS COMPETIDORES
Análisis conjunto	Análisis que permite conocer los efectos conjuntos de dos o más variables en el comportamiento de selección del consumidor por una marca o producto determinado. Su gran fortaleza radica en que coloca al entrevistado en un contexto de decisión lo más realista posible en comparación con entrevistas convencionales	Permite medir el efecto de la marca en la decisión de compra y valorar las diferentes marcas evaluadas. Esta aplicación es común en los estudios de valoración de marca (*brand equity*). También permite calcular la elasticidad cruzada de la preferencia de dos bienes, de manera de evaluar el grado en que un bien puede sustituir al otro. En el capítulo ocho se revisará la aplicación de esta técnica para simular el efecto de posibles acciones de los competidores
Segmentación de mercados	Análisis que permite subdividir el mercado en grupos o conglomerados en función de variables diferenciadoras	Al visualizar el mercado como partes más pequeñas, es probable encontrar que la empresa compite con compañías distintas en los diferentes segmentos de mercado. Este análisis puede complementarse con el seguimiento de las tendencias de los diferentes segmentos

Un ejemplo de mapa perceptual es el de los medios de comunicación en Latinoamérica, para el cual se utilizó una muestra de 28 mil usuarios de Internet que asociaron cada medio con diferentes atributos previamente seleccionados. El mapa perceptual mostró que los usuarios consideraban la televisión por suscripción mejor para los niños y para los deportes. A los periódicos se les percibe como más adecuados para mantenerse informado de las noticias, la política y la economía. La radio, la televisión abierta y las revistas comparten una imagen de mayor credibilidad, mientras que Internet y los teléfonos móviles comparten en el mismo cuadrante atributos como mejor para conseguir ofertas e información de productos, interactividad y rapidez. Según este mapa perceptual, hay cuatro arenas competitivas basadas en los cuadrantes de posicionamiento de los diferentes medios.

Figura 5.2

Mapa perceptual de los medios de comunicación en Latinoamérica

Asociación de cada medio con atributos predeterminados

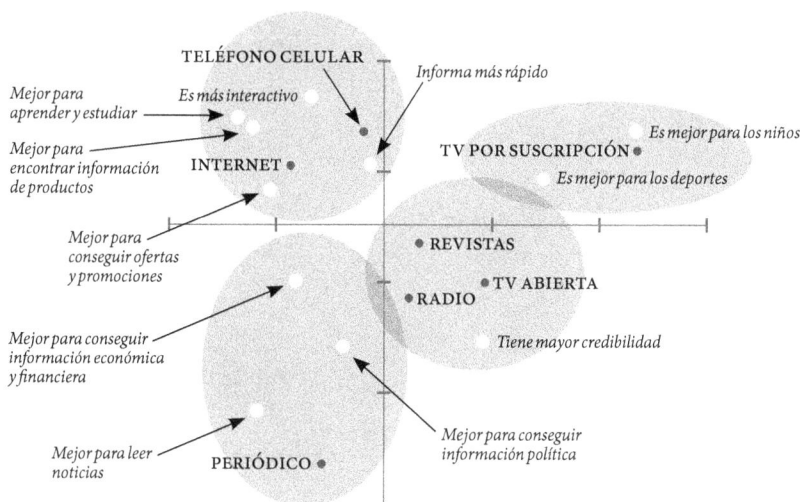

Fuente: Tendencias Digitales (2009).

LA ESTRATEGIA DEL OCÉANO AZUL:
COMPETIR SIN COMPETENCIA

Chan Kim y Reneé Mauborgne argumentan en *La estrategia del océano azul* (2005) que las empresas deben buscar operar en mercados en los que la rivalidad sea menor y, por ende, la rentabilidad mayor que en los mercados más competidos. Estos nuevos espacios son denominados «océanos azules», en contraposición a los «océanos rojos», representados por los sectores tradicionales, en los que los actores están firmemente establecidos y la competencia es más intensa.

Kim y Mauborgne ponen como ejemplo el reconocido Cirque du Soleil, empresa que creó un nuevo tipo de espectáculo que combina elementos del circo tradicional con aspectos del teatro. La consecuencia de esta innovación realizada en 1984 es un espectáculo que ha sido presenciado por unos cuarenta millones de personas en noventa ciudades del mundo.

De acuerdo con la estrategia del océano azul, deben crearse nuevos espacios en el mercado en los cuales no haya competidores, y no defender o conquistar espacios en el mercado actual. Igualmente, esta estrategia rompe con la disyuntiva tradicional de elegir entre bajo costo o diferenciación del producto, porque brinda la posibilidad de competir empleando simultáneamente ambas tácticas.

Cuadro 5.3
La estrategia del océano rojo frente a la estrategia del océano azul

ESTRATEGIA DEL OCÉANO ROJO	ESTRATEGIA DEL OCÉANO AZUL
Competir en un espacio existente en el mercado	Crear un espacio en el mercado en el que no haya competencia
Vencer a la competencia	Hacer que la competencia pierda importancia
Explotar la demanda existente en el mercado	Crear y capturar nueva demanda
Elegir entre valor o costo	Romper la disyuntiva entre valor o costo
Alinear las actividades de una empresa con la decisión estratégica de elegir entre diferenciación o bajo costo	Alinear las actividades de una empresa con el propósito de lograr, al mismo tiempo, diferenciación y bajo costo

Fuente: Kim y Mauborgne (2005).

La ventaja de un mercado con menos rivalidad es que su rentabilidad es mayor que en otros sectores. Esta circunstancia atraerá a nuevos entrantes, lo cual terminará por convertir esos mercados en «océanos rojos», a menos que la empresa erija grandes barreras a la entrada, tangibles o intangibles. Al final de cuentas, ya sea que la empresa tenga éxito frente a sus competidores o que sucumba ante sus ataques, sus competidores seguirán siendo actores relevantes que deben ser analizados.

Según Kim y Mauborgne, existen dos maneras de crear océanos azules. La primera es incursionar en un sector totalmente nuevo, como lo hizo eBay en el mercado de las subastas en línea. La otra manera es alterar las fronteras de un sector, tal como lo hizo el Cirque du Soleil. Los datos y casos mostrados por Kim y Mauborgne señalan que la segunda manera es la más común: en una muestra de 108 empresas, 86 por ciento de las iniciativas estaban orientadas a expandir sus mercados actuales.

A partir del análisis del desempeño, durante más de cien años y de tres industrias diferentes (automotriz, computación y salas de cine), los autores de *La estrategia del océano azul* arrojaron sugerentes conclusiones. Una de ellas es que la creación de los océanos azules no está determinada por las innovaciones tecnológicas, aun cuando ellas puedan estar presentes. Otra es que las empresas establecidas crean con frecuencia océanos azules, lo cual demuestra que esa capacidad no está reservada a los nuevos entrantes en un mercado.

El primer principio para desarrollar una estrategia de océano azul sugiere ampliar los límites del mercado actual, para lo cual Kim y Mauborgne plantean cinco rutas complementarias:

1 INDUSTRIAS ADYACENTES: estudiar los factores que influyen en la decisión de los consumidores entre industrias adyacentes y evaluar qué se hace en esos sectores. Ejemplo: el servicio de transporte aéreo que NetJets ofrece para conectar vuelos comerciales y aviones propios para viajes de ejecutivos en Estados Unidos.

2 SEGMENTOS DE MERCADO: considerar sectores de mercado que, aun estando en la propia industria, no son atendidos por la empresa. Ejemplo: Toyota-Lexus, que compite en el segmento tradicional de BMW y Mercedes Benz.

3 AUDIENCIAS OBJETIVO: orientar los esfuerzos de mercadeo a un grupo que tiene un papel diferente en la decisión de compra. Ejemplo: orientarse a los médicos en lugar de a los pacientes.

4 Estudiar los productos o servicios relacionados con la compra o el consumo de un producto. Ejemplo: venta de vehículos y servicios de mantenimiento.

5 Apuntar a los sentimientos y las emociones de los consumidores. Ejemplo: Swatch convierte los relojes en un artículo de moda.

Otro importante principio de este enfoque estratégico consiste en ir más allá de la demanda existente, para lo cual los autores proponen concentrarse en quienes no son clientes, con la finalidad de ampliar el tamaño de los océanos azules. Esta vía difiere del enfoque tradicional, según el cual se segmenta para entender las necesidades de los consumidores y consolidar una posición en el mercado.

▶▶▶ ¿Cuántos competidores clave tienen las empresas?

En promedio, una empresa venezolana enfrenta siete competidores. De todos los sectores, las telecomunicaciones declararon el menor número, cercano a cinco.

Número de competidores directos de las empresas venezolanas (por sector)

ALIMENTOS Y BEBIDAS	7,75
FINANCIERO	7,67
OTRAS INDUSTRIAS	7,40
SERVICIOS A EMPRESAS	7,40
COMERCIO Y SERVICIOS	7,22
MEDIOS Y PUBLICIDAD	6,95
PROMEDIO	**6,94**
INFORMÁTICA	6,57
TELECOMUNICACIONES	4,93

Fuente: Jiménez (2009).

No hay diferencias significativas por tamaño: los promedios son ligeramente superiores en las empresas pequeñas y en las corporaciones.

Número de competidores directos de las empresas venezolanas
(por tamaño de la empresa)

PEQUEÑAS	7,25
CORPORACIONES	7,16
PROMEDIO	**6,94**
GRANDES	6,86
MEDIANAS	6,36

Fuente: Jiménez (2009).

Las empresas consideran que enfrentan a muchos competidores. En una escala de 1 al 10, en la que 1 es muy pocos competidores y 10 muchos competidores, el promedio de sus respuestas fue 6,55, con una dispersión baja entre los sectores de actividad y tamaño de las empresas.

Al preguntar en cuántos competidores las empresas centran su atención, se obtuvo un promedio de cuatro. Este número está bastante cercano a lo que podría ser una recomendación razonable en términos prácticos, que generalmente oscila entre tres y cinco empresas. Este valor, sin embargo, fluctúa entre las diferentes actividades: los sectores de servicios a empresas y telecomunicaciones concentran su atención en el menor número de empresas.

Número de competidores clave de las empresas venezolanas (por sector)

OTRAS INDUSTRIAS	5,14
FINANCIERO	5,00
INFORMÁTICA	5,00
COMERCIO Y SERVICIOS	4,57
PROMEDIO	**4,16**
MEDIOS Y PUBLICIDAD	4,00
ALIMENTOS Y BEBIDAS	4,00
TELECOMUNICACIONES	3,17
SERVICIOS A EMPRESAS	2,60

Fuente: Jiménez (2009).

La dispersión del número de competidores clave es mucho menor en los diferentes tamaños de empresa. Además, las empresas más grandes son las que mencionaron un valor ligeramente por debajo de cuatro.

Número de competidores clave de las empresas venezolanas (por tamaño)

PEQUEÑAS	4,35
GRANDES	4,33
MEDIANAS	4,22
PROMEDIO	**4,16**
CORPORACIONES	3,90

Fuente: Jiménez (2009).

RESUMEN DEL CAPÍTULO

Establecer cuál es la competencia de una empresa es un ejercicio estratégico básico, cuyo resultado trasciende la identificación de un grupo de compañías con las cuales se compite y a las cuales se les desea hacer un seguimiento sistemático. El producto fundamental de este ejercicio es la propia autodefinición del negocio de la empresa, de acuerdo con la necesidad del mercado que pretende satisfacer.

La competencia no son sólo las empresas similares y, por ende, el análisis no debe limitarse a los competidores directos. Al contrario, debe tenerse presente un concepto más amplio de competencia, en el cual una empresa enfrenta a los proveedores que satisfacen las mismas necesidades, sin importar a qué industria pertenezcan.

Se sugiere que para las decisiones tácticas y el manejo cotidiano del negocio el análisis de la competencia se centre en un número limitado de empresas de la misma categoría (entre tres y cinco), y que para análisis estratégicos se amplíe el concepto de competidor a las empresas que satisfacen las mismas necesidades. Los análisis estratégicos deben realizarse con menos frecuencia —al menos una vez por año, dependiendo de la dinámica competitiva del negocio—, debido al gran esfuerzo que demandan de las organizaciones.

TRES PRÁCTICAS CLAVE

1 No se pueden analizar a todos los competidores; hay que centrarse en tres o cuatro empresas, como máximo.
2 A pesar de que los análisis de corto plazo se concentrarán en unas pocas empresas competidoras directas, debe considerarse como alguna forma de competencia a todo agente que satisfaga las necesidades del consumidor. Este análisis, empleado con menos frecuencia, permitirá identificar oportunidades y amenazas en mercados adyacentes.
3 Se puede elegir en qué mercados y con quién se quiere competir, si se crean océanos azules en los que la competencia será menor a corto plazo.

GLOSARIO

Análisis conjunto: análisis estadístico multivariado que permite conocer los efectos conjuntos de dos o más variables sobre el comportamiento de un consumidor al seleccionar una marca o producto determinados. En esta técnica al entrevistado se le coloca frente a una situación en la que tenga que elegir, mediante tarjetas con diferentes combinaciones de variables.

Targeting del competidor: es el proceso de selección y análisis de un competidor que representa una importante oportunidad o amenaza para la empresa, especialmente con respecto a un cliente específico de gran interés para la compañía.

Embudo de la competencia: esquema de definición de la competencia que ofrece dos visiones alternativas y extremas. La definición amplia de competencia está basada en la satisfacción de las necesidades en una industria o mercado; y la específica, en la categoría de servicio o producto.

Mapa del negocio: herramienta de análisis que permite identificar los diferentes competidores que forman una industria o mercado con base en la satisfacción de una necesidad. Este análisis permite identificar no sólo los competidores de la categoría sino de los mercados adyacentes.

Mapa perceptual: técnica estadística multivariada, mediante la cual se asocia la información sobre diversas variables en un gráfico bidimensional que permite visualizar la posición relativa de cada marca con respecto a los atributos relacionados con la categoría. Es una técnica utilizada generalmente para estudios de posicionamiento de las marcas.

Segmentación de mercado: análisis que permite subdividir el mercado en grupos o conglomerados en función de variables diferenciadoras, generalmente relacionadas con sus necesidades y hábitos de compra o uso del producto o servicio. La segmentación puede basarse en una técnica estadística multivariada o realizarse *a priori*, empleando las variables consideradas relevantes para un determinado mercado (por ejemplo, tipo de consumidor: *heavy, medium* y *light*).

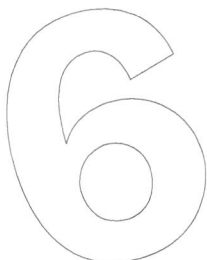

Qué investigar
de los competidores

PRIMERO LO PRIMERO: CUÁL ES EL PROBLEMA

Cuando por primera vez se quiere analizar sistemáticamente la competencia, es común elaborar una lista de interminables temas de interés. Paradójicamente, una empresa que no estudiaba a sus competidores desde hace muchos años, ahora quiere saberlo todo en poco tiempo.

Para evitar este error, es clave tener claro qué motiva estudiar la competencia. Esta primera indagación será de gran ayuda al identificar la información que se requiere de la competencia, para alimentar el proceso de decisiones de la empresa.

Si lo que motiva el análisis es ganar un contrato específico en un proceso licitatorio, por ejemplo, la información necesaria estará relacionada con las capacidades de los principales competidores (fortalezas y debilidades), que puedan emplearse para resaltar nuestras fortalezas (o evidenciar las debilidades de un competidor particular).

Si la investigación de la competencia forma parte de un proceso sistemático de inteligencia competitiva, la información de los competidores deberá estar relacionada con su posición en relación con los factores críticos del éxito en la industria o la categoría.

LOS FACTORES CRÍTICOS DEL ÉXITO

Los factores críticos del éxito son las áreas en las cuales los resultados, si son satisfactorios, asegurarán un desempeño exitoso de la empresa. En otras palabras, son las pocas áreas o los procesos clave donde las cosas deben hacerse bien para que el negocio sea exitoso y, por ende, deben recibir una atención especial de la gerencia.

Los factores críticos del éxito se basan en la «Ley de Pareto»: ochenta por ciento de los resultados de una organización están relacionados con veinte por ciento de las causas, que por lo tanto son las que requieren mayor atención.

Estos factores son una buena guía para los temas que conviene conocer de la competencia, pues tendrán un impacto favorable en la posición de los competidores en el mercado, si ganan ventaja con respecto a una organización.

Identificar los factores críticos del éxito es una tarea que todos los ejecutivos de negocio realizan de manera formal o informal. La primera vez que se acuñó el término fue en 1961, cuando Ronald Daniel se refirió a la necesidad de discriminar y seleccionar en un sistema de información empresarial. Daniel afirmó que, en la mayoría de las industrias, hay de tres a seis factores que determinan el éxito; desde entonces, ésta ha sido una regla usada por muchos gerentes.

Estos factores clave —en especial los elementos del macroentorno, la dinámica competitiva de los sectores y las necesidades de los consumidores— no son estáticos y, por lo tanto, exigen que sean evaluados permanentemente.

IDENTIFICAR LOS FACTORES CRÍTICOS DEL ÉXITO

Los factores críticos del éxito no siempre son visibles para los clientes, como por ejemplo la buena atención en un hotel, sino que pueden formar parte de las operaciones que ocurren en la trastienda. Un ejemplo es la tecnología de un banco comercial, que hace más eficientes los procesos, pero cuyo funcionamiento los clientes desconocen.

De allí que la primera pregunta que un gerente debe hacerse es tan básica como qué cambios se necesitan para mejorar el desempeño competitivo de su empresa. Esos cambios pueden implicar procesos en los que hay problemas o áreas en las cuales se puede mejorar aún más. Cuando se identifican los factores críticos del éxito se los enmarca en un contexto competitivo. Es decir, son críticos para el éxito de la empresa sobre sus competidores. Por esto, preguntas relacionadas con el potencial de superar a esa competencia también son útiles a la hora de identificarlos. Por ejemplo, ¿en qué áreas, procesos o aspectos la empresa percibe más competencia? ¿Qué funciones tienen el mayor potencial para diferenciar la empresa de sus competidores?

Por último, conviene dejar en claro que la empresa siempre busca satisfacer las necesidades de los consumidores y a la larga su éxito depende en gran parte de cuán bien lo hace. Así, una pregunta clave para identificar un factor de éxito es cuáles factores explican la satisfacción (o insatisfacción) de los clientes.

▶▶▶ Preguntas para identificar factores críticos del éxito

Preguntas relacionadas con problemas y potencial de mejoras
- ¿Qué necesita cambiarse en la empresa para mejorar su desempeño competitivo?
- ¿Qué problemas específicos se han identificado en la organización?

Preguntas relacionadas con la posición relativa con la competencia
- ¿En qué áreas, procesos o aspectos la empresa percibe más competencia?
- ¿Qué funciones tienen el mayor potencial para diferenciar la empresa de sus competidores?

Preguntas relacionadas con las expectativas de los clientes
- ¿Qué factores explican la satisfacción (o insatisfacción) de los clientes?
- ¿Cómo describen los clientes o consumidores a un proveedor ideal?

HERRAMIENTAS PARA IDENTIFICAR FACTORES CRÍTICOS DEL ÉXITO

1. TORMENTAS DE IDEAS CON LOS INTEGRANTES DE LA ORGANIZACIÓN

Quizás la más tradicional, y no por ello menos efectiva, técnica para identificar factores críticos de éxito son las tormentas de ideas con quienes trabajan en una empresa. Estas discusiones en grupo son una excelente manera de tratar de responder las preguntas sugeridas en la sección anterior. El éxito de este tipo de discusiones depende del grado de participación de los miembros de la organización y de la conciencia que hay que tener de que las respuestas que surjan de las discusiones son sesgadas.

En lo que respecta a la participación de los trabajadores, debe evitarse que las tormentas de ideas se realicen sólo entre gerentes y que no tomen en cuenta a los trabajadores que están en contacto con los clientes (ejecutivos de atención de un banco, por ejemplo) o que incluso se relacionan con los competidores (como los visitadores médicos de una empresa farmacéutica).

A una discusión que se circunscriba a quienes trabajan en la organización le faltará la visión de los clientes, y estará sesgada por el hecho de que los miembros de una organización pueden percibir su empresa y las necesidades de los clientes de una manera limitada o ligeramente distinta a la real. Esta limitación se puede superar si se incorporan a estas sesiones de tormentas de ideas a quienes, en la empresa, se encargan de la investigación de mercados. Si en la empresa no hay personas dedicadas a esta actividad, se puede invitar a los proveedores de confianza, o realizarse sesiones de grupo con clientes.

2. INVESTIGACIÓN DE MERCADOS

Si se parte del hecho de que el mercadeo busca satisfacer las necesidades de los clientes, una de las principales vías para identificar los factores del éxito de una empresa es considerar la opinión de sus propios clientes. Para ello existen diversos tipos de estudios de mercado que pueden ser de gran ayuda, como los estudios de comportamiento del consumidor o de calidad de servicio.

Los estudios del comportamiento del consumidor tratan de identificar las variables que hacen que un cliente se decida por una categoría de producto o servicio, o por un proveedor. Un ejemplo es lo que ocurre con los clientes de la telefonía móvil en Venezuela a la hora de seleccionar un proveedor: el precio es un atributo de gran importancia, seguido de la cobertura y la calidad. En este sentido, la reducción del precio de los equipos y de las tarifas favorecerá la selección de un proveedor.

Figura 6.1

Razones para seleccionar un proveedor de telefonía celular
(porcentajes de respuestas)

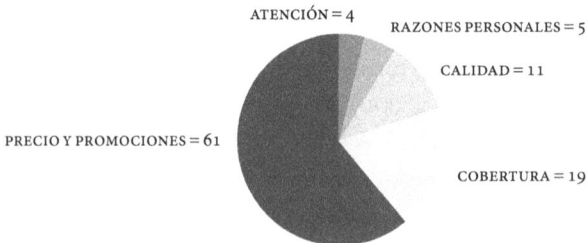

ATENCIÓN = 4 RAZONES PERSONALES = 5 CALIDAD = 11 PRECIO Y PROMOCIONES = 61 COBERTURA = 19

Fuente: Jiménez (2007).

Por su parte, las evaluaciones de calidad aportan información valiosa, al permitir que la empresa conozca qué hace que sus clientes estén satisfechos (o insatisfechos), de forma que si establece un programa de mejoras la posición competitiva de la empresa efectivamente mejorará. Estos estudios permiten conocer no sólo qué hace que los clientes estén satisfechos, sino qué variables generan lealtad hacia una marca y cuáles son los elementos que pueden disparar un cambio de proveedor.

En el mismo ejemplo de la telefonía celular en Venezuela, el análisis de las variables que determinan la satisfacción aporta otros elementos de importancia en la identificación de los factores críticos del éxito. Aun cuando los precios y las promociones determinan la selección de un proveedor, aspectos relacionados con la calidad de la comunicación e, incluso, beneficios sociales del servicio influyen en la satisfacción de los suscriptores.

Figura 6.2
Factores explicativos de la satisfacción en la telefonía celular
(porcentajes de respuestas procesadas mediante un modelo estadístico de ecuaciones estructurales)

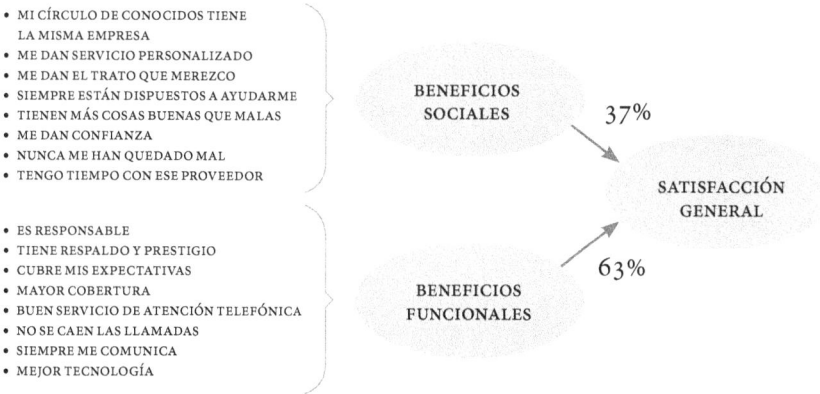

- MI CÍRCULO DE CONOCIDOS TIENE LA MISMA EMPRESA
- ME DAN SERVICIO PERSONALIZADO
- ME DAN EL TRATO QUE MEREZCO
- SIEMPRE ESTÁN DISPUESTOS A AYUDARME
- TIENEN MÁS COSAS BUENAS QUE MALAS
- ME DAN CONFIANZA
- NUNCA ME HAN QUEDADO MAL
- TENGO TIEMPO CON ESE PROVEEDOR

BENEFICIOS SOCIALES — 37%

SATISFACCIÓN GENERAL

- ES RESPONSABLE
- TIENE RESPALDO Y PRESTIGIO
- CUBRE MIS EXPECTATIVAS
- MAYOR COBERTURA
- BUEN SERVICIO DE ATENCIÓN TELEFÓNICA
- NO SE CAEN LAS LLAMADAS
- SIEMPRE ME COMUNICA
- MEJOR TECNOLOGÍA

BENEFICIOS FUNCIONALES — 63%

Fuente: Bolívar (2006).

Estas investigaciones de mercado pueden ser cualitativas o cuantitativas. Con las primeras se busca identificar los factores clave y comprenderlos a profundidad, sin que necesariamente se jerarquicen o cuantifiquen. En este tipo de estudios la información se recoge mediante entrevistas personales o a profundidad, y gracias a discusiones o sesiones de grupo con clientes, por lo que su ventaja es precisamente la comprensión del fenómeno estudiado.

Por su parte, los estudios cuantitativos tienen como finalidad validar qué variables son las que tienen mayor impacto, porque son consideradas de mayor importancia por los clientes. Este tipo de estudios tienen como ventaja que jerarquizan los resultados, lo que es compatible con la Ley de Pareto.

Más que seleccionar un método de recolección de información, se sugiere combinar ambos tipos de investigación para obtener los mejores resultados. En este sentido, un estudio cualitativo ayuda a elaborar una lista de factores críticos de éxito, y un estudio cuantitativo a jerarquizarlos, ya sea mediante un ordenamiento directo realizado por los clientes o por un modelo de regresión múltiple, en el que la importancia de los factores está determinada por el propio modelo.

3. ANÁLISIS DE LOS ESTADOS FINANCIEROS

Una manera sencilla de identificar factores críticos del éxito para una categoría es analizar los estados financieros de la empresa. Si una gran parte de los costos de producción es una materia prima, entonces será un elemento al que hay que prestarle atención, pues su impacto en los precios y la competitividad del negocio serán determinantes.

4. ANÁLISIS ESTRUCTURAL DE LOS SECTORES

Al analizar la estructura de un sector de actividad se puede conocer cómo se compite en esa industria y cómo es su rentabilidad. Una de las formas más fáciles de hacer este tipo de análisis es emplear el modelo de las «cinco fuerzas competitivas» de Michael Porter (1985), que consiste en revisar cinco variables clave en un sector: rivalidad de la competencia, nuevos ingresos al sector, productos sustitutos, poder de negociación de proveedores y poder de negociación de clientes. Al realizar este tipo de análisis se pueden identificar factores clave, como la necesidad de erigir barreras al ingreso de nuevos competidores mediante la generación de valor de marca, en mercados en los que las barreras legales, financieras y de conocimiento son bajas.

En el sector de los medios noticiosos electrónicos en Venezuela, por ejemplo, del análisis de las cinco fuerzas competitivas de Porter no sólo se evidencia que esos medios están sometidos a fuerzas contrarias que afectan su rentabilidad, sino que un factor crítico de éxito es que son fácilmente sustituibles por los medios noticiosos tradicionales, debido a su relativa baja penetración. Otros factores identificados son el papel de los propios usuarios y la diferenciación del producto en algunos segmentos del mercado, sobre todo las personas de mayor edad.

Figura 6.3

Análisis estructural del sector medios electrónicos noticiosos

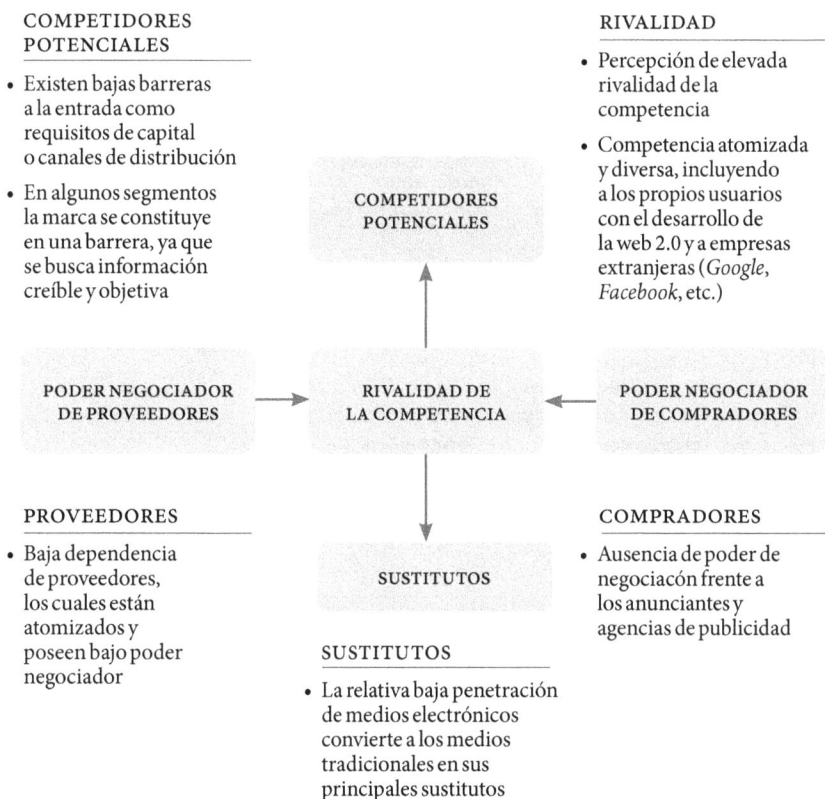

COMPETIDORES POTENCIALES

- Existen bajas barreras a la entrada como requisitos de capital o canales de distribución
- En algunos segmentos la marca se constituye en una barrera, ya que se busca información creíble y objetiva

RIVALIDAD

- Percepción de elevada rivalidad de la competencia
- Competencia atomizada y diversa, incluyendo a los propios usuarios con el desarrollo de la web 2.0 y a empresas extranjeras (*Google*, *Facebook*, etc.)

COMPETIDORES POTENCIALES

PODER NEGOCIADOR DE PROVEEDORES → RIVALIDAD DE LA COMPETENCIA ← PODER NEGOCIADOR DE COMPRADORES

SUSTITUTOS

PROVEEDORES

- Baja dependencia de proveedores, los cuales están atomizados y poseen bajo poder negociador

COMPRADORES

- Ausencia de poder de negociacón frente a los anunciantes y agencias de publicidad

SUSTITUTOS

- La relativa baja penetración de medios electrónicos convierte a los medios tradicionales en sus principales sustitutos

5. ESCENARIOS DE PLANIFICACIÓN

El método de los escenarios, explicado en el capítulo tres, es de gran ayuda en la identificación de los factores críticos del éxito, pues permite jerarquizar los acontecimientos del entorno que tienen mayor impacto en los resultados de una determinada empresa o sector de actividad.

Un análisis de este tipo puede determinar que el salario real de los trabajadores es una variable de gran impacto y mucha incertidumbre, al igual que la disponibilidad de ingresos petroleros, cuya incertidumbre es relativamente menor que la de los salarios. Algunas de estas variables incidirán de manera directa e indirecta sobre la empresa, por lo que, según el caso, pueden constituirse en factores críticos del éxito para competir.

Figura 6.4

Matriz de impacto e incertidumbres del entorno venezolano

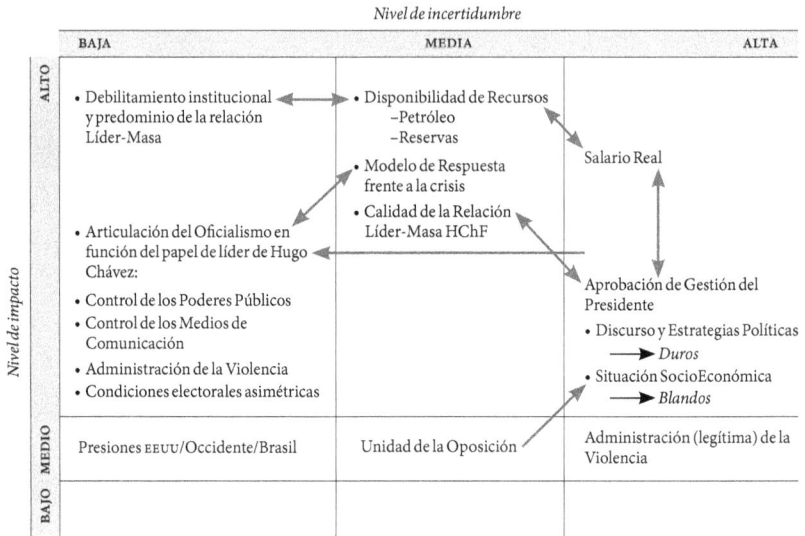

Fuente: Datanálisis (2009b).

▶▶▶ **La banca y la evolución de sus factores críticos del éxito**

Como se ha mostrado en secciones anteriores, la identificación de los factores críticos del éxito puede realizarse de diversas maneras. Una de las más poderosas, sin duda, es la que muestra la perspectiva de los clientes, conocida mediante investigaciones de mercado.

Un ejemplo son los criterios de los clientes para seleccionar una institución financiera. Hasta 1988, el principal atributo que, de nuevo según los clientes, debía tener un banco era «accesibilidad»: presencia en el mercado, en forma de una extensa red de agencias o de cajeros automáticos.

Desde ese año, los atributos más buscados por los clientes han cambiado cada cuatro años, en promedio, con excepción del último período, que se ha prolongado por más tiempo. En la actualidad, el sector se encuentra en medio de una crisis del entorno, en la que, si bien la calidad del servicio sigue siendo importante, los clientes perciben que hay mucho riesgo económico, lo que los impulsa a salvaguardar sus ahorros en una institución que consideran segura.

Cuadro 6.1
Seis etapas en la evolución de los atributos para seleccionar un banco

ETAPA	DURACIÓN	ATRIBUTO
TRADICIONAL	HASTA 1988	ACCESIBILIDAD
LIBERACIÓN	1989-1993	TASAS DE INTERÉS
CRISIS BANCARIA	1994-1996	SOLIDEZ
RECUPERACIÓN	1997-1998	SERVICIO
FUGA DE DIVISAS CON ESTABILIDAD BANCARIA	1999-2001	SERVICIO Y SOLIDEZ
CRISIS DEL ENTORNO	2002-HOY	SOLIDEZ Y SERVICIO

Fuente: Gil (2003).

Un mensaje de estos resultados, que sólo permite ver el tiempo, es que los atributos clave de esta categoría de negocios han ido cambiando conforme lo han hecho las condiciones del entorno macro y sectorial. Es importante, en este sentido, que la gerencia esté atenta no sólo a cuáles son los factores críticos del éxito en un momento dado, sino que determine los cambios impulsados por el entorno y por la dinámica competitiva y regulatoria del sector.

RESUMEN DEL CAPÍTULO

El análisis de la competencia implica definir claramente qué piezas de información de los competidores se requieren para decidir. La identificación de los factores críticos del éxito es una manera de aproximarse a estos temas, sobre todo cuando la investigación está enmarcada en un análisis estratégico de mediano plazo y no necesariamente obedece a la necesidad de tomar una decisión concreta a corto plazo. Identificar los factores críticos del éxito trasciende el análisis de la competencia y será de gran ayuda en la manera como la empresa se desenvuelve en su mercado.

Se trata de identificar unos pocos elementos clave que capten la atención y los esfuerzos de la empresa. Son factores que hacen la diferencia y en los cuales es fundamental conocer qué están haciendo los principales competidores y, más aún, qué capacidades poseen.

Su identificación no debe convertirse en una empresa imposible. Esos factores son el medio y no el fin; por eso se han sugerido diversas maneras de llegar a ellos sin comprometer demasiado tiempo y recursos. Hay que recordar que esta tarea nunca finaliza, pues los factores del éxito cambian con el tiempo. Una tormenta de ideas muchas veces es suficiente. También lo es formularse las preguntas adecuadas acerca del negocio y de las decisiones clave que deben tomarse.

TRES PRÁCTICAS CLAVE

1   Los recursos y el tiempo son escasos; por eso hay que centrarse en cuatro o cinco factores clave del éxito.
2   La identificación de los factores clave no debe ser una actividad complicada. Una tormenta de ideas con los trabajadores es una buena manera de comenzar.
3   Los factores críticos del éxito cambian con el tiempo, por lo que deben revisarse periódicamente.

GLOSARIO

BARRERAS AL INGRESO: obstáculos o dificultades que debe enfrentar un nuevo competidor en un mercado. Estas barreras son de diversa naturaleza e incluyen aspectos legales (licencias), tangibles (capital) e intangibles (marcas).

FACTORES CRÍTICOS DEL ÉXITO: áreas en las cuales los resultados, de ser satisfactorios, asegurarán un desempeño competitivo exitoso de la empresa. En otras palabras, son las pocas áreas o procesos clave donde las cosas deben hacerse bien para que el negocio sea exitoso y, por ende, deben recibir una atención especial de la gerencia.

LEY DE PARETO: conocida también como «la regla del 80/20», pues enuncia que el veinte por ciento de las acciones producen el ochenta por ciento de los efectos, mientras que el ochenta por ciento restante sólo originan el veinte por ciento de los efectos. Su nombre se debe a Vilfredo Pareto.

MODELO DE REGRESIÓN MÚLTIPLE: método estadístico que permite establecer una relación matemática entre un conjunto de variables explicativas (x1, x2,... xn) y una variable dependiente (Y).

7

Obtener información de la competencia

VENTAJAS COMPETITIVAS BASADAS EN LA INFORMACIÓN

Las organizaciones deben no sólo recabar información, sino aprender a manejarla y analizarla. La información no se convierte en ventaja competitiva hasta que la empresa la pueda traducir en oportunidades para superar a sus competidores.

Figura 7.1
La información y las organizaciones

	PÉRDIDA DE OPORTUNIDADES	VENTAJA COMPETITIVA
Cantidad de información		
	DESVENTAJA COMPETITIVA	CADA VEZ MENOS COMÚN

Capacidades en el manejo
y análisis de la información

Se ha destacado la importancia de identificar el problema que enfrenta la empresa y las decisiones que se requieren tomar, a los efectos de recabar la información que apoye esas decisiones. En este sentido, contar con más información no es, necesariamente, mejor que tener menos información. Obtener información cuesta tiempo y dinero; por ello hay que tener claro qué se necesita.

Antes de buscar información de la competencia se debe tener claro cuál es el problema de negocios. ¿Qué situación requiere que la empresa cuente con información de la competencia para emprender determinadas acciones? A veces no se trata de un problema propiamente dicho, sino de una situación que es fuente de oportunidades.

LA INFORMACIÓN NECESARIA: UN EJEMPLO

Las ventas de un producto están creciendo menos que las de su principal competidor en una zona geográfica determinada y, si la empresa no toma medidas, perderá participación de mercado en el mediano plazo.

Para resolver este problema, la gerencia de la empresa organizó una tormenta de ideas, de la que surgieron cuatro hipótesis:

1 La calidad del producto es inferior al de la competencia.
2 El precio del producto es superior.
3 La competencia tiene mejor distribución.
4 La marca de la competencia es más conocida y mejor considerada.

Para cada hipótesis se identificó la información necesaria para contrastarla y las posibles fuentes para conseguir tal información.

Cuadro 7.1
Las ventas de un producto crecen menos que las de la competencia: formulación de hipótesis y fuentes de información

HIPÓTESIS	INFORMACIÓN NECESARIA	FUENTE DE LA INFORMACIÓN
La calidad del producto es inferior al de la competencia	Desempeño del producto comparado con su principal competidor, desde la perspectiva de los consumidores	Pruebas de producto con base en encuestas en locaciones centrales (investigación por muestreo)

HIPÓTESIS	INFORMACIÓN NECESARIA	FUENTE DE LA INFORMACIÓN
El precio del producto es superior	Precios del producto y de su principal competidor	Lista de precios de las empresas (observación en los puntos de venta) y *store audit* de la categoría (proveedores)
La competencia tiene mejor distribución y está en los puntos de venta	Distribución numérica (presencia en los puntos de venta) del producto y de la competencia	*Store audit* de la categoría (proveedores)
La publicidad de la competencia hace que su marca sea más conocida y mejor considerada	Recordación publicitaria y conocimiento de marca del producto y de la competencia	Inversión publicitaria y estudios de recordación publicitaria (investigación por muestreo)

Como la información que requiere cada hipótesis implica costos, es mejor elegir algunas hipótesis y no contrastarlas todas. En este ejemplo, es recomendable emprender una investigación de mercados que descubra las razones de los consumidores para comprar un producto y para haber cambiado de marca, en caso de que lo hayan hecho. Esta investigación permitirá dar luces sobre las posibles causas del problema, si se necesita profundizar en las hipótesis más probables.

CÓMO SE OBTIENE INFORMACIÓN DE LA COMPETENCIA

Al tener claras cuáles son las preguntas clave del negocio y quiénes en la empresa emplearán la información que se obtendrá, la primera tarea consiste en determinar si la información necesaria se puede encontrar en la misma empresa. Comenzar la búsqueda en casa ahorrará tiempo y dinero.

Hoy esta tarea se ha simplificado con el desarrollo de la Intranet, pero aún es común la existencia de los llamados «silos de datos»: gracias al desarrollo de los computadores personales, cada unidad de la empresa puede tener sus propias bases de datos, que no necesariamente comparte con el resto de la organización.

Si la información que se requiere no se puede ubicar internamente, entonces es hora de traspasar los límites de la organización y buscar en el mercado. Una recomendación en este sentido es comenzar por la información publicada (o «información secundaria»), que generalmente es más económica y está disponible con poco esfuerzo. En caso de que no sea posible, entonces no habrá alternativa que conseguir información primaria, cuya principal ventaja es que se ajusta a las necesidades específicas de la empresa.

Figura 7.2
El proceso de recolección de la información de la competencia

- ESTABLECER USUARIOS
- IDENTIFICAR PREGUNTAS CLAVE
- HACER INVENTARIO DE FUENTES INTERNAS
- OBTENER INFORMACIÓN DISPONIBLE INTERNAMENTE
- OBTENER INFORMACIÓN PUBLICADA DISPONIBLE EXTERNAMENTE
- OBTENER INFORMACIÓN PRIMARIA EXTERNAMENTE
- RESPONDER A LAS PREGUNTAS CLAVE

DÓNDE BUSCAR INFORMACIÓN DE LA COMPETENCIA

1. INFORMACIÓN INTERNA

El primer lugar donde debe buscar información de la competencia es en la propia empresa. La fuerza de ventas, por ejemplo, generalmente conoce bastante acerca de los competidores, pues por intermedio de los clientes recibe importantes insumos de información. Incluso en algunos sectores económicos la fuerza de ventas recibe la información directamente de sus colegas, como sucede en la industria farmacéutica, en la que los visitadores médicos de diversas empresas se conocen y comparten información de manera amistosa.

El principal reto de este tipo de información es separar lo que realmente es valioso de lo anecdótico, así como evitar los juicios de valor acerca de la posición de los competidores y sus capacidades. Una recomendación para evitar esa situación es triangular los datos obtenidos con otras fuentes que permitan que la información gane en confiabilidad.

Algunos ejemplos de fuentes de información interna en las organizaciones son:

- Tormenta de ideas o cuestionarios aplicados a la fuerza de ventas o al personal de atención al cliente.
- Empleados que participan en actividades gremiales o académicas y, por ende, tienen contacto con competidores.
- Ingeniería de reversa de los productos de los competidores realizada por los laboratorios o departamentos de producción.
- Estudios de mercado contratados o realizados internamente que formulan preguntas relacionadas con los competidores.
- Empleados que trabajaron previamente con empresas de la competencia.

2. INFORMACIÓN DE LOS PROPIOS COMPETIDORES.

Los competidores, sin quererlo, ofrecen información valiosa. Es imposible que una empresa que actúe en un mercado no revele parte de su información, ya sea de manera explícita o implícita. La página web de las empresas es una fuente de información valiosa para conocer sus productos y servicios, así como para entender su posicionamiento y proposición única de valor. También la publicidad es muy reveladora en este respecto, y es inevitable que llegue a las manos de cualquier gerente.

El principal reto de este tipo de información es identificar el engaño premeditado de los competidores, cuando se desea enviar una advertencia, un compromiso de un curso de acción o crear una matriz de opinión favorable con fines comerciales. En este caso, es recomendable, de nuevo, verificar la información con otras fuentes.

Algunos ejemplos de fuentes de información de los propios competidores son:
- Página web de las empresas.
- Catálogos de venta.
- Publicidad en medios de comunicación masivos o en puntos de venta.
- Entrevistas en medios de comunicación social que la competencia ofrece por razones de prestigio corporativo o personal.
- Solicitudes de empleo publicadas en prensa y sitios de Internet de empleo.
- Participación en conferencias y seminarios.
- Exposiciones o ferias en las que la competencia participa.
- Contratos colectivos.

Figura 7.3

Ejemplo de información comercial publicada en una página web

Fuente: *http://www.inter.com.ve/promociones/triple-hogar.html*

▶▶▶ Ejemplo de entrevista a la gerencia de mercadeo de una empresa

«Lava-rápido» (nombre ficticio) es una franquicia venezolana fundada en septiembre de 1996, orientada al servicio de lavandería y tintorería. Actualmente opera ochenta y siete tiendas en las principales ciudades venezolanas, y abrirá cinco nuevas antes de culminar el año. Esta empresa también ha conquistado otros mercados, como España y Estados Unidos. Su gerente de mercadeo explica sus planes de expansión.

¿En qué consiste su concepto de negocio?

Ser y permanecer en el tiempo como la empresa venezolana líder en el tratamiento de artículos de piel con la mejor plataforma tecnológica, sensible a las necesidades técnicas y humanas de nuestro cliente, amigables al medio ambiente, conscientes del entorno y teniendo, como sustento de nuestro éxito y rentabilidad, el aporte que cada miembro de la organización sume al colectivo.

Esto no sólo se reduce a la venta de franquicias en sus seis formatos (microreceptoría, receptoría, lavandería, tintorería *junior*, tintorería *senior* y franquicia máster), sino que también incluye la venta y distribución de consumibles y maquinaria especializada, servicio técnico altamente calificado y el diseño e implementación de lavanderías y tintorerías industriales (en el área clínica y hotelera).

Somos especialistas en el cuidado de textiles porque nuestra tecnología está respaldada por XYZ14, empresa alemana con más de sesenta años de actividad que se encarga de desarrollar las más eficientes metodologías de limpieza en seco o *dry cleaning*, además de invertir continuamente en el entrenamiento y actualización de nuestro personal.

Tenemos valores diferenciadores porque entendemos como una responsabilidad el atender a nuestro cliente, bien sea el franquiciado o nuestro cliente final. Somos la franquicia líder en el segmento en Venezuela, además de ser la única del sector que brinda el servicio de venta y distribución de consumibles, así como asistencia técnica de los equipos.

¿Cómo se encuentra su sector en Venezuela?

Actualmente tenemos ochenta y siete tiendas en toda Venezuela y creemos que la demanda de nuestros servicios está sólo parcialmente satisfecha. Cada vez hay más personas que se concientizan de la necesidad de buscar alternativas ecoamigables y nosotros no sólo somos esa alternativa, sino que también vertimos nuestros esfuerzos en que nuestro cliente sienta que sus requerimientos y necesidades son atendidos con disposición a prestarle el mejor de los servicios. Todo esto no tendría sentido si nuestros precios no fuesen razonables.

¿Cuáles son sus planes de expansión en Venezuela?

Antes de que culmine el año tenemos planificado abrir seis nuevas tiendas en Barcelona, El Tigre, Ciudad Bolívar, San Cristóbal y Maracaibo

(Canta Claro y La Lago). De igual forma tenemos pronosticado llegar a cien tiendas el próximo año y estamos trabajando en estudiar los mercados que requieren de nuestros servicios. Ya los tenemos identificados, sólo requerimos de inversionistas que quieran poner sus recursos al servicio de la mejora de su país y quieran duplicar su inversión en tres años.

¿Qué planes tienen para introducirse en otros mercados?
Nuestro crecimiento natural está orientado a satisfacer la demanda de Venezuela, luego la de Latinoamérica y Estados Unidos en una fase inicial, para posteriormente incursionar en nuevos mercados. Sin embargo se nos han presentado oportunidades que no hemos dejado pasar y desarrollaremos paralelamente a nuestro crecimiento natural.
En nuestros modelos de franquicias está contemplada opción de franquicia máster, la cual tiene exclusividad sobre un territorio o país, con la posibilidad de subfranquiciar. Esta figura de franquicia reporta sus operaciones directamente a la casa matriz, ubicada en Caracas.

Fuente: *http://www.tormo.com.ve/actualidad/entrevistas/entrevista.asp?id=36*

Figura 7.4
Ejemplo de solicitud de empleo en Internet

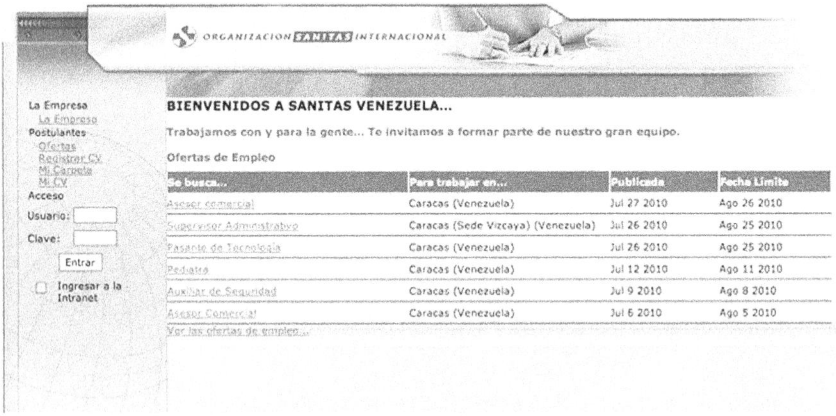

Fuente: *http://sanitasvenezuela.empleate.com*

3. INFORMACIÓN DE TERCERAS PARTES

Los clientes, los proveedores, el Estado y los medios de comunicación social son, entre otros, fuentes de información para conocer los competidores.

El valor de la información aportada por los clientes es incalculable, pues no sólo la aporta el factor más importante del éxito de una empresa, sino porque al obtenerla no se corren los riesgos relacionados con actividades poco éticas en el proceso de recolección de la información. La investigación de mercados es el principal medio para conseguirla.

Por su parte, los proveedores y el Estado conocen mucho de los competidores, pero parte de esa información la poseen porque han suscrito compromisos de confidencialidad y, por ello, el acceso a ésta a veces es casual.

Ejemplos de información de la competencia aportada por los organismos gubernamentales (y cuyo uso es legal y ético) son:

- Socios, composición accionaria y capital social.
- Marcas y patentes registradas.
- Manifiestos de importación.
- Estados financieros de las empresas de capital abierto (inscritas en bolsas de valores).
- Estudios o reportes sectoriales con estados de resultados.

Además, los medios de comunicación social pueden publicar la siguiente información de la competencia:

- Avisos publicitarios.
- Solicitudes de empleo.
- Entrevistas a gerentes y ejecutivos.
- Listas de precios y ofertas.

Otras fuentes de información de la competencia son las tesis de grado de universidades y los estudios de cámaras y asociaciones empresariales.

ASPECTOS ÉTICOS EN LA RECOLECCIÓN
DE INFORMACIÓN DE LA COMPETENCIA

Es importante que la empresa tenga claras sus prácticas de recolección de información de la competencia, de manera de evitar errores. Es perfectamente legítimo tratar de encontrar información de la competencia por vías legales para ser más competitivos, una práctica que en este libro se ha llamado «inteligencia o investigación y análisis de la competencia». Cualquier actividad que pretenda obtener información de la competencia por medios ilegítimos se considera espionaje industrial y puede acarrear consecuencias legales.

Además de los aspectos legales, las prácticas éticamente cuestionables pueden causar severos daños a la imagen y la reputación de una empresa, a pesar de que, en algunos casos, no se consideren delitos propiamente dichos.

La dificultad radica en determinar qué es ético y qué no lo es, entre otras razones porque lo que es aceptable puede variar de acuerdo con la cultura o el país. «Sembrar» un empleado en la nómina de un competidor, por ejemplo, no es una práctica deseable, mientras que analizar las estrategias publicitarias sí lo es. Pero, ¿qué decir ante otras prácticas que se encuentran en una delgada línea gris, como por ejemplo interrogar a antiguos empleados de la competencia?

Es muy difícil distinguir qué es ético y qué no en la investigación de la competencia. Una regla de oro es evitar aquello de lo que alguien puede sentirse avergonzado si su familia o sus colegas se enteran. En este sentido, hay prácticas que, para la mayoría, son inequívocamente cuestionables, como presentarse engañosamente, espiar, presionar o sobornar a quienes manejan información confidencial, o hurtar o robar información.

▶▶▶ **¿Qué información de los competidores le interesa a las empresas?**

Cuando entre las empresas venezolanas se indagó qué información sobre sus competidores necesitaban, más de la mitad afirmó que es la información sobre ventas —en volumen y valor— y los precios de los principales productos. Esa información, que en muchos países es pública y fácilmente disponible, en Venezuela no siempre está a la mano y para muchos sectores es muy costoso obtenerla.

Un segundo grupo de necesidades se refiere a lanzamientos de productos, segmentos del mercado y actividades de innovación y desarrollo.

Qué necesitan saber las empresas de sus competidores
(porcentajes de respuestas)

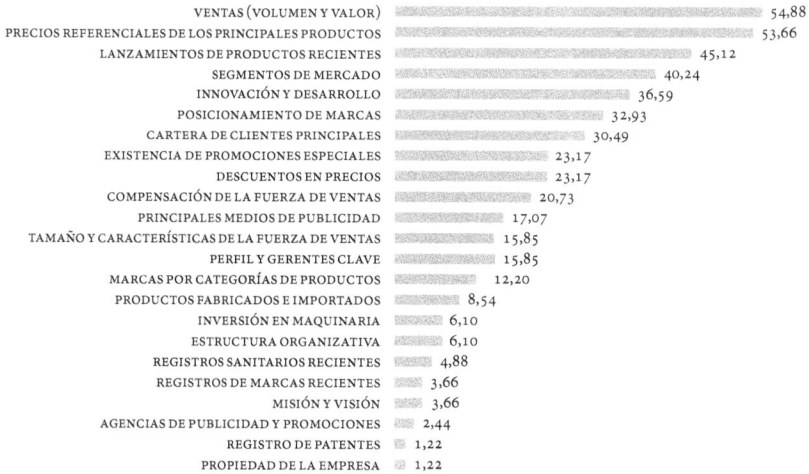

VENTAS (VOLUMEN Y VALOR)	54,88
PRECIOS REFERENCIALES DE LOS PRINCIPALES PRODUCTOS	53,66
LANZAMIENTOS DE PRODUCTOS RECIENTES	45,12
SEGMENTOS DE MERCADO	40,24
INNOVACIÓN Y DESARROLLO	36,59
POSICIONAMIENTO DE MARCAS	32,93
CARTERA DE CLIENTES PRINCIPALES	30,49
EXISTENCIA DE PROMOCIONES ESPECIALES	23,17
DESCUENTOS EN PRECIOS	23,17
COMPENSACIÓN DE LA FUERZA DE VENTAS	20,73
PRINCIPALES MEDIOS DE PUBLICIDAD	17,07
TAMAÑO Y CARACTERÍSTICAS DE LA FUERZA DE VENTAS	15,85
PERFIL Y GERENTES CLAVE	15,85
MARCAS POR CATEGORÍAS DE PRODUCTOS	12,20
PRODUCTOS FABRICADOS E IMPORTADOS	8,54
INVERSIÓN EN MAQUINARIA	6,10
ESTRUCTURA ORGANIZATIVA	6,10
REGISTROS SANITARIOS RECIENTES	4,88
REGISTROS DE MARCAS RECIENTES	3,66
MISIÓN Y VISIÓN	3,66
AGENCIAS DE PUBLICIDAD Y PROMOCIONES	2,44
REGISTRO DE PATENTES	1,22
PROPIEDAD DE LA EMPRESA	1,22

Fuente: Jiménez (2009).

Las áreas funcionales de las empresas que aportan más información de la competencia son los departamentos de ventas, investigación de mercados e inteligencia de negocios. Las dos últimas áreas, sin embargo, están presentes en una minoría de las empresas entrevistadas.

Áreas funcionales que aportan información de la competencia
(porcentajes de respuestas)

ÁREAS FUNCIONALES (SE REFIERE A LOS DEPARTAMENTOS QUE POSEEN LAS EMPRESAS)

APORTAN INFORMACIÓN (AQUELLAS ÁREAS QUE APORTAN INFORMACIÓN DE LA COMPETENCIA)

	VENTAS	INVESTIGACIÓN DE MERCADOS	INTELIGENCIA DE NEGOCIOS	MERCADEO	PLANIFICACIÓN ESTRATÉGICA
Áreas funcionales (superior)	79,30	81,08	77,50	71,76	62,50
Aportan información (inferior)	83,13	34,91	37,70	80,19	60,34

Fuente: Jiménez (2009).

RESUMEN DEL CAPÍTULO

Obtener información de la competencia luce como una de las etapas más complejas y costosas de la investigación de los competidores. Sin embargo, mucha de esa información se encuentra disponible en fuentes públicas.

Es importante que antes de emprender la búsqueda de información se establezca claramente qué se requiere para las decisiones de negocios y luego se determine si esa información se puede conseguir dentro de la empresa. La recolección de información de la competencia es un proceso que requiere entrenamiento, y en la medida en que el personal responsable obtenga experiencia, sabrá dónde buscar y desarrollará relaciones que le ayudarán en ese proceso. Es importante establecer estándares que eviten que los trabajadores incurran en prácticas antiéticas que lesionen la reputación de la empresa.

TRES PRÁCTICAS CLAVE

1 Comenzar la búsqueda en casa, con personal de la empresa y fuentes internas. Luego recurrir a fuentes publicadas o secundarias, generalmente más económicas y fácilmente disponibles, para terminar en última instancia con fuentes primarias (entrevistas, encuestas, etcétera).

2 Buscar información en Internet, no sólo en buscadores tradicionales, sino en medios sociales como *Facebook*, *Youtube*, *SlideShare* o *Twitter*, por mencionar algunos.

3 Triangular la información recogida para validar su calidad y fiabilidad.

GLOSARIO

DISTRIBUCIÓN NUMÉRICA: porcentaje de los puntos de venta en los que está situada una marca, en comparación con el total de tiendas que hay. Es un índice que mide la penetración de una marca en función del número de establecimientos, sin tener en cuenta la importancia de cada uno de ellos.

INGENIERÍA DE REVERSA: análisis detenido de un producto en cada uno de sus componentes, para posteriormente realizar una copia exacta, en caso de que sea posible y conveniente, o aplicarle las modificaciones que las circunstancias requieran.

INFORMACIÓN PRIMARIA: información que proviene directamente de la fuente que la origina, como una entrevista o una investigación por muestreo.

Información secundaria: información que proviene de un agente diferente al que la origina, por ejemplo, una información publicada en un medio de comunicación social.

Store audit: servicio mediante el cual se obtiene continuamente información sobre productos de consumo masivo en una muestra de establecimientos comerciales de venta al detal.

Triangular la información: contrastar una información con diferentes fuentes, al menos tres, de forma de garantizar lo mejor posible su fiabilidad.

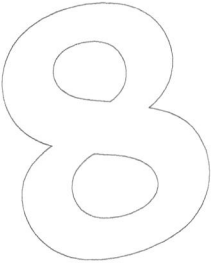

Análisis de los competidores

8

LLEGÓ LA HORA DE RESPONDER LAS PREGUNTAS

Luego de identificar los competidores clave, determinar los factores críticos del éxito y recoger la información propiamente dicha, la organización está lista para darle sentido a la información e incorporarla en el proceso de decisiones.

Son muchas las preguntas que pueden formularse sobre los competidores, pero pueden agruparse en las siguientes siete categorías más comunes:

1 OBJETIVOS FUTUROS: ¿está satisfecho el competidor con su participación de mercado actual? ¿Qué busca esa empresa: crecer y rentabilizarse aún más? ¿Seguirá el competidor la misma estrategia del pasado o cambiará su rumbo? Es fundamental entender qué busca el competidor, hacia dónde va con su estrategia. Este conocimiento será de gran ayuda a la hora de medir posibles reacciones o incluso represalias ante los movimientos de una empresa.

2 ESTRATEGIA ACTUAL: ¿de qué forma el competidor busca lograr sus objetivos: lanzando nuevos productos, desarrollando nuevos mercados, reduciendo precios, empleando más publicidad y promoción? La estrategia actual es la forma como la empresa está compitiendo. Una estrategia se descompone en múltiples dimensiones: precio, diferenciación, distribución, publicidad y posicionamiento, entre otras.

3 SUPUESTOS: ¿cuáles son las premisas del competidor sobre sí mismo y sobre su industria, sobre las cuales fundamenta sus decisiones? Si se conocen esos supuestos, la comprensión de sus acciones será más clara. Se desea saber no sólo hacia dónde quiere ir el competidor (sus objetivos futuros), sino basado en cuál información determinó su rumbo.

4 CAPACIDADES: ¿cuáles son las fortalezas del competidor y sus principales debilidades? Este elemento abarca distintas áreas y lo que busca es resaltar con qué cuenta la empresa para competir y cuáles son sus flancos débiles.

5 SEGMENTOS DE INTERÉS: ¿a qué segmentos de mercado se orienta el competidor? ¿Cuáles de los clientes le interesan más? Antes se dijo que no siempre se compite con las mismas empresas en los diferentes segmentos de mercado. En este sentido, es importante establecer la posición de los competidores en cada uno de los segmentos. Una empresa puede ser un fuerte competidor en un segmento y no participar en otro.

6 PROPOSICIÓN ÚNICA DE VALOR: ¿qué valor le agrega el competidor a los clientes? ¿Qué hace que lo elijan? ¿En qué se diferencia del resto de los oferentes? Es fundamental comprender qué hace especial a un competidor para la base de clientes. Estas preguntas deben responderse siempre desde la óptica de los clientes y no desde la visión de quien investiga al competidor. La investigación de mercados tradicional es clave en esta tarea.

7 CALIDAD DE LA OFERTA: ¿cuán satisfechos están los clientes de la empresa con los productos y servicios que ofrece? ¿Cuáles son sus principales quejas? ¿Qué expectativas tienen con el desempeño futuro de la empresa? La competencia en un mercado está influida por la calidad de sus productos y servicios. Competidores con un mal desempeño estarán abriendo brechas que cualquier empresa debe aprovechar. Por su parte, un servicio de calidad se erige como una barrera a la entrada para los competidores potenciales.

Todo el trabajo realizado hasta ahora sólo tiene sentido si es capaz de concretarse en información que permita responder preguntas de este tipo y ayudar a decidir. El objetivo es lograr que la empresa mejore su posición competitiva.

Esta información no sólo permite diseñar estrategias, sino conocer posibles cursos de acción de los competidores y posibles respuestas ante las decisiones de una empresa. ¿Cómo reaccionará el competidor frente a lo que haga una empresa? ¿Cómo se adecuará ante cambios del macro entorno, como un menor crecimiento económico o una nueva legislación?

Figura 8.1

Siete grupos de preguntas acerca de los competidores

● ELEMENTOS DEL MERCADO QUE INFLUYEN EN LA COMPETENCIA

COMPONENTES PARA EL ANÁLISIS DEL COMPETIDOR DE MICHAEL PORTER

Segmentos de interés
QUÉ CLIENTES
QUIEREN

Objetivos futuros
QUÉ LOS
IMPULSA

Estrategia actual
FORMA EN QUE
SE CUMPLE

Reacciones probables
OFENSIVAS
Y DEFENSIVAS

Proposición de valor
QUÉ LE OFRECEN
A LOS CLIENTES

Calidad de producto y servicio
QUÉ ESTÁN
ENTREGANDO

Supuestos
SOBRE SÍ MISMO Y LA INDUSTRIA

Capacidades
FORTALEZAS Y DEBILIDADES

PERFIL DE LOS COMPETIDORES

La elaboración de perfiles es otra forma de abordar el análisis de los competidores. Con los perfiles se trata de obtener una visión instantánea de un competidor en un momento dado. Los perfiles son populares porque muchas empresas que se aproximan al análisis de la competencia no tienen una pregunta concreta que responder, sino que buscan conocer un poco más de sus competidores y hasta aprender de ellos cuando son empresas seguidoras.

Los perfiles de los competidores varían de acuerdo con el énfasis que se quiera hacer y de la naturaleza de la competencia en un sector determinado. Sin embargo, pueden mencionarse los siguientes componentes:

Propiedad y gerencia
- Principales accionistas.
- Empresa local, extranjera o mixta.
- Parte de un grupo económico o empresa independiente.
- Empresa familiar o de capital abierto.

- Estructura organizativa (organigrama).
- Principales gerentes: presidente, gerente general y gerentes de mercadeo y ventas, de producción y de control de calidad.
- Perfil de los gerentes clave: formación académica, experiencia.
- Cantidad de trabajadores.

Aspectos estratégicos
- Misión y visión.
- Segmentos de mercado a los que atiende.
- Posicionamiento de las principales marcas.
- Cartera de clientes principales.

Ventas y precios
- Ventas en volumen y valor.
- Tamaño y características de la fuerza de ventas.
- Esquemas de compensación de la fuerza de ventas.
- Precios referenciales para los principales productos.
- Descuentos en precios.

Productos y marcas
- Productos fabricados e importados.
- Marcas por categorías de productos.
- Lanzamientos recientes de productos o posibles lanzamientos.
- Registros de marcas recientes.
- Registros sanitarios recientes.

Publicidad y promociones
- Orientación estratégica de la publicidad y promociones (*push* o *pull*).
- Principales medios empleados para la publicidad.
- Agencias de publicidad y promociones con las que trabaja.
- Promociones especiales.

Producción y distribución
- Ubicación de las plantas y qué se produce en cada una de ellas. Inversión en maquinarias.
- Ubicación de los depósitos y centros de distribución.
- Integración vertical y horizontal.

ANÁLISIS CONJUNTO EN EL ESTUDIO DE LA COMPETENCIA

A lo largo del libro se han presentado diferentes herramientas para analizar a los competidores. Una técnica popular es el análisis conjunto, que permite realizar simulaciones con base en una estructura de preferencias de los consumidores formada a partir de los resultados de una encuesta.

El análisis conjunto enfrenta a los consumidores entrevistados a situaciones en las que deben seleccionar atributos o características de un producto o servicio. Con sus respuestas se construye un modelo que permite evaluar las condiciones actuales del mercado y simular escenarios futuros, de acuerdo con las actuaciones de una empresa o de sus competidores.

Si se desea medir el impacto que tienen diferentes características de un producto de consumo masivo, por ejemplo, en la selección final de los consumidores, los entrevistados deben elegir entre una gama de productos (mostrados en tarjetas) que poseen diversos atributos, como marca, empaque, tamaño de la presentación y precio.

Figura 8.2
Ejemplo de tarjeta empleada en el análisis conjunto

Bs. XXX	*Bs.* XXX	*Bs.* XXX	*Bs.* XXX	NINGUNA
Empaque: LATA	*Empaque:* VIDRIO	*Empaque:* LATA	*Empaque:* VIDRIO	
Marca: X	*Marca:* Z	*Marca:* Y	*Marca:* X	
Tamaño: 350 CC	*Tamaño:* 250 CC	*Tamaño:* 350 CC	*Tamaño:* 250 CC	

Fuente: Datanálisis. Este ejemplo tiene fines académicos.

Con esta información se construye el modelo que permite determinar la importancia de cada atributo en la selección final del consumidor, y saber cuál es la opción preferida en cada atributo. Una marca, por ejemplo, puede ser tres veces más importante que el precio en la decisión de compra de los consumidores. Igualmente, los consumidores pueden preferir una marca sobre las demás.

Figura 8.3

Ejemplo de la importancia de los atributos de un producto y de la utilidad
del atributo «marca»

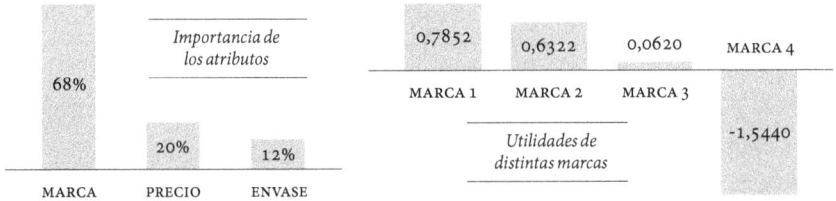

Fuente: Datanálisis: «Presentación de la empresa y sus productos». Caracas: 2010.

Este tipo de modelo permite evaluar la participación en la preferencia de
un producto o marca determinada y simular cómo cambian esas preferencias
conforme se modifican las características o atributos. De esta forma, se podrán
simular los resultados en las preferencias de acuerdo con las acciones de la compañía y las respuestas probables de la competencia.

Un modelo puede mostrar que si se reduce el precio de una marca, por
ejemplo, las preferencias de los consumidores se desplazan hacia ella, a costa
de otra marca. Un precio menor permitirá que la empresa aumente sus ingresos
debido a que la demanda es elástica. Esta simulación no considera que la competencia también reduzca los precios de sus productos, situación que podría
representarse en el modelo, de forma de determinar la participación final de
cada marca en las preferencias de los consumidores.

Figura 8.4

Ejemplo de una simulación de reducción de precios

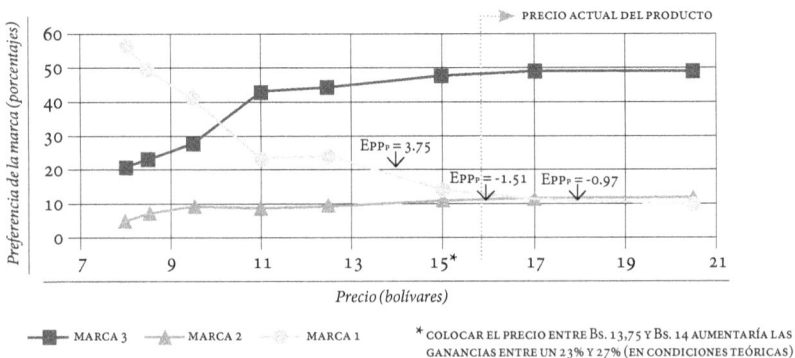

Fuente: Datanálisis: «Presentación de la empresa y sus productos». Caracas: 2010.

La popularidad del análisis conjunto se debe a que es sencillo y fácil de implementar, y a que siempre toma en cuenta la perspectiva de los consumidores. La calidad de las simulaciones dependerá no sólo de la información aportada por el modelo, sino de los supuestos sobre las innovaciones que los competidores hagan en sus productos y sobre sus respuestas ante los cambios en la oferta de la empresa que está haciendo el análisis.

TEORÍA DE JUEGOS

La teoría de juegos proviene de la matemática, pero se aplica en diversos campos, entre los que destacan la economía y los negocios. Esta teoría utiliza modelos para estudiar las interacciones entre los participantes en un juego y tomar decisiones basadas en los resultados del análisis.

Quizás el ejemplo más conocido de la teoría de juegos es el «dilema del prisionero»: dos acusados que, detenidos en celdas separadas, deben decidir si confesar o no su delito, de acuerdo con una estructura de incentivos (reducción de la pena) y castigos (la pena propiamente dicha).

En el análisis de las posibles respuestas de los competidores ante las acciones de una empresa (ingreso en un nuevo mercado, reducción del precio de venta, lanzamiento de un nuevo producto, entre otras), la teoría de juegos puede aplicarse para conocer con mayor profundidad las posibilidades de un competidor ante una estructura de incentivos, y por ende, sus respuestas más probables.

▶▶▶ **La teoría de juegos en el análisis de la competencia: un ejemplo**

Una empresa desea incursionar en una nueva categoría de productos. A pesar de que tiene la capacidad y la tecnología para producir esos productos, hasta entonces no ha participado en ese mercado. La principal preocupación de la gerencia es la respuesta de la empresa dominante, que posee 75 por ciento de participación de mercado y podría no estar dispuesta a quedarse de brazos cruzados ante la incursión de un competidor.

Información de la situación inicial

VARIABLES	INFORMACIÓN
TAMAÑO DEL MERCADO EN VOLUMEN	1 MILLÓN DE UNIDADES
PARTICIPACIÓN DE MERCADO DEL COMPETIDOR	75%
PARTICIPACIÓN DE MERCADO ESPERADA CON LA ENTRADA	20%
COSTOS FIJOS ANUALES	1 MILLÓN DE DÓLARES
COSTOS UNITARIOS DE PRODUCCIÓN	30 DÓLARES
PRECIO DE MERCADO	48 DÓLARES

Los costos totales al año para incursionar en el mercado son de siete millones de dólares, que resultan de sumar un millón de dólares de costos fijos más las 200 mil unidades que se espera vender (un millón de unidades del mercado total por 20 por ciento de participación de mercado esperada), por el costo unitario de producción, que es 30 dólares. La respuesta probable de la competencia puede ser reducir considerablemente los precios o «acomodarse» a la nueva situación sin mayores consecuencias para la empresa.

Información de la situación esperada en dos escenarios

	REDUCIR PRECIOS	ACOMODARSE A LA NUEVA SITUACIÓN
NUEVA PARTICIPACIÓN DE MERCADO DE LA COMPETENCIA DESPUÉS DE LA ENTRADA AL MERCADO	55%	
ESTRUCTURA DE COSTOS DE LA COMPETENCIA	IGUAL AL DE LA EMPRESA	
NUEVO PRECIO DE MERCADO	32 DÓLARES	39 DÓLARES

Con estos nuevos datos y el cálculo de los beneficios de cada empresa en los dos escenarios, es posible construir una matriz de decisión en la que se muestren primero los datos de la empresa y luego los de la competencia (de la siguiente forma: la empresa, el competidor).

Los beneficios de cada empresa se calculan de la siguiente manera:

Ingresos = cantidades vendidas x precio
Egresos = costos fijos + (cantidades vendidas x costo unitario)
Beneficio o pérdida = ingresos - egresos

Matriz de decisión

		LA COMPETENCIA	
		REDUCIR PRECIOS	ACOMODARSE A LA NUEVA SITUACIÓN
LA EMPRESA	ENTRAR AL MERCADO	(-600, 100)	(800, 3.950)
	NO ENTRAR AL MERCADO	(0, 12.500)	(0, 12.500)

La información de la matriz de decisión indica que en caso de que el competidor reduzca los precios, la empresa preferirá no entrar al mercado, pues incurriría en una pérdida económica (-600); mientras que si la competencia se acomoda a esta situación, la entrada al mercado será una situación óptima, porque obtendrá un beneficio económico (800).

La decisión de entrar o no en este mercado dependerá de la respuesta probable de la competencia. Por otro lado, el competidor siempre preferirá acomodarse a la entrada de la nueva empresa, porque en ella sus beneficios económicos serán superiores a los que obtendría en una guerra de precios.

Esta conclusión, sin embargo, debe analizarse detenidamente, porque si bien desde un punto de vista económico es correcta, podrían existir factores extraeconómicos que ocasionen que el competidor reduzca sus precios. Entre estos factores se encuentran motivos estratégicos, como evitar que entre un nuevo competidor que podría adquirir poder a largo plazo y erosionar su participación de mercado; pero también elementos subjetivos vinculados con la respuesta de la gerencia de una empresa dominante que podría sentirse incómoda con ceder 20 por ciento del mercado.

RESUMEN DEL CAPÍTULO

Son muchas las preguntas que pueden formularse sobre los competidores, pero lo más importante es que estas interrogantes estén relacionadas con las decisiones de la empresa. Algunas de las preguntas más comunes que ayudan a entender aspectos concretos de los negocios tienen que ver con características de la competencia, como sus objetivos futuros, estrategia actual, supuestos sobre los cuales toma las decisiones, capacidades, segmentos de interés, proposición única de valor y calidad de su oferta.

Elaborar un perfil de la competencia suele ser una tarea más general, que se recomienda hacer en etapas tempranas del análisis, cuando se busca conocer un poco más de las empresas a las cuales se enfrenta. Estos perfiles pueden ser amplios u orientados a aspectos específicos según se requiera.

Los análisis de la competencia pueden complementarse con simulaciones de las posibles respuestas de los competidores ante las acciones de una empresa. Estas simulaciones pueden realizarse mediante programas informáticos, pero también empleando técnicas como el análisis conjunto de la investigación de mercados y la teoría de juegos.

TRES PRÁCTICAS CLAVE

1 Elaborar los análisis teniendo claro para quiénes son y qué decisiones se deben tomar.
2 No caer en la tentación de hacer predicciones. En su lugar, es mejor elaborar escenarios.
3 No sobrecargar el análisis con información interesante pero irrelevante para decidir.

GLOSARIO

ESTRATEGIAS *PULL Y PUSH*: una estrategia *pull* se basa en invertir en publicidad orientada a crear valor de marca y hacer que el consumidor pida el producto. Una estrategia *push* busca «empujar» el producto en el canal de ventas gracias al impulso del vendedor o a otras iniciativas de reforzamiento en los canales.

INTEGRACIÓN HORIZONTAL: estrategia utilizada por una empresa para vender sus productos en numerosos mercados mediante empresas subsidiarias. Cada empresa comercializa el producto en un segmento de mercado o área geográfica diferente.

INTEGRACIÓN VERTICAL: combinar varias operaciones o funciones dentro de una misma empresa, en lugar de contratarlas en el mercado. Es el caso de una empresa de confección textil que decida fabricar sus propias telas en lugar de adquirirlas de un proveedor externo.

PROPOSICIÓN ÚNICA DE VALOR: atributo que diferencia un bien o servicio con respecto al de los competidores y que para los consumidores es un importante beneficio.

TEORÍA DE JUEGOS: teoría matemática que utiliza modelos para estudiar las interacciones entre los participantes en un juego y, en consecuencia, tomar decisiones. Esta teoría tiene aplicaciones en diversos campos, en especial la economía y los negocios.

PERFILES DE COMPETIDORES: reportes que describen a un competidor (sus características generales o funciones específicas como mercadeo, ventas o producción).

Apéndice: Estudio de competencia

Las referencias incluidas en este libro en relación con el «Estudio de competencia 2009» (Jiménez, 2009) se basan en una investigación por muestreo realizada durante febrero de 2009, cuyas características metodológicas son las siguientes:

OBJETIVO: conocer la opinión de los ejecutivos de las empresas en relación con la rivalidad de la competencia y los factores que influyen en ella. Igualmente, la encuesta busca identificar las principales prácticas relacionadas con la investigación y análisis de la competencia.

METODOLOGÍA: la consulta se realizó durante febrero de 2009 mediante una investigación por muestreo a través de una entrevista auto administrada por Internet, con el apoyo de la empresa Tendencias Digitales.

UNIVERSO: empresas localizadas en Venezuela pertenecientes a diversos sectores de actividad y tamaño.

COBERTURA GEOGRÁFICA: nacional

TIPO DE ESTUDIO: investigación por muestreo.

TAMAÑO DE LA MUESTRA: 106 empresas.

MARCO MUESTRAL: 350 empresas.

NIVEL DE CONFIANZA: 90%.

ERROR MÁXIMO ADMISIBLE: ±7,96

RECOLECCIÓN DE LA INFORMACIÓN: cuestionario autoadministrado mediante Internet.

UNIDAD QUE SE ENTREVISTÓ: gerentes de distintas áreas funcionales de la empresa.

Referencias bibliográficas

Barrows, E. y M. Frigo (2008): *Using the strategy map for competitor analysis*. Boston: Harvard Business School Publishing.

Bolívar, J. (2006): «Identificación de factores clave para obtener clientes leales en telefonía móvil celular en Venezuela». Trabajo de grado. Caracas: IESA.

Coughlan, P. (2002): *Competitor analysis: anticipating competitive actions*. Boston: Harvard Business School Publishing.

Crane, A. (2005): «In the company of spies: when competitive intelligence gathering becomes industrial spionage». *Business Horizons*, vol. 48, n° 3. Mayo.

Cressman, G. y T. Nagle (2002): «How to manage an aggressive competitor». *Business Horizons*, vol. 45, n° 2. Marzo.

Datanálisis (2009a): «Reporte de medios». Caracas.

Datanálisis (2009b): «Escenarios políticos, económicos y sociales de Venezuela». Caracas.

Escorsa, P. y R. Maspon (2001): *De la vigilancia tecnológica a la inteligencia competitiva*. Madrid: Financial Times y Prentice Hall.

Fuld, L. (1990): *Inteligencia comercial*. Bogotá: Legis Editores.

Friedman, T. (2006): *The world is flat*. Nueva York: Farrar, Straus & Giroux.

Gil, J. (1995): «Escenarios de Proleche». Caracas: Datanálisis.

Gil, J. (2003): «Imagen del sistema financiero». Caracas: Datanálisis

Gordon, I. (1991): *Cómo anticiparse a la competencia*. Bogotá: Legis Editores.

Gordon, I. (2002): *Competitor targeting*. Nueva York: John Willey & Son.

Halliman, C. (2001): *Business intelligence using smart techniques*. Houston: Information Uncover.

Harvard Business School (2006): *Marketer's tool kit*. Boston: Harvard Business School Publishing.

Jiménez, C. (2007): «Movilizadores de la telefonía celular en Venezuela». Caracas: Datanálisis.

Jiménez, C. (2008): «Principales tendencias que marcan el consumo y su impacto en lo micro». Caracas: Datanálisis.

Jiménez, C. (2009): «Estudio de competencia». Caracas: Datanálisis.

Jiménez, C. y V. Sánchez (2001). «Inteligencia competitiva: materiales del curso». Trabajo inédito. Caracas: IESA.

Kim C. y R. Mauborgne (2005): *Blue ocean strategy*. Boston: Harvard Business School Publishing.

Kotler, P. (2006): *Los diez pecados capitales del marketing*. Barcelona: Deusto.

Levitt, T. (1995): «La miopía del marketing». R. Dolan(comp.): *La esencia del marketing*. Bogotá: Norma (edición original del artículo: 1960).

Liautaud, B. (2001): *E-business intelligence*. Nueva York: Mc Graw Hill.

Naím, M. (2009): «Cinco razones para el optimismo». *El Nacional*. Caracas, 3 de febrero.

Nalebuff, B. y A. Brandenburger (1996): *Co-opetition*. Nueva York: Currency Books.

Porter, M. (1985): *Estrategia competitiva*. México: CECSA.

Roberts, J. (2005): *Defensive marketing*. Boston: Harvard Business School Publishing.

Rodríguez, P. (1995): «Uso de la técnica de escenarios como herramienta de planificación estratégica: estudio de casos». Trabajo de grado. Caracas: IESA.

Ronald, D. (1961): «Management information crisis». *Harvard Business Review*, vol. 39, n° 5. Septiembre-octubre.

Santesmases, M. (2007): *Marketing, conceptos y estrategias*. Madrid: Ediciones Pirámide.

Shell International (2003): *Scenarios: an explorer's guide*. Londres: Global Business Environment y Shell International.

Stern, C. y G. Stalk (1998): *Perspectives on strategy*. Nueva York: John Willey & Son.

Tybout, A. y B. Sternthal (2001): «Brand positioning». D. Iacobucci (ed.): *Kellogg on marketing*. Nueva York: John Wiley & Sons.

Villalba, J. (1996): *Menú estratégico*. Caracas: Ediciones IESA.

ANÁLISIS DE LA COMPETENCIA

*Manual para competir
con éxito en los mercados*

Carlos Jiménez

Se terminó de imprimir
durante el mes de junio
de 2012, en los talleres
de CreateSpace.

Acerca del autor

CARLOS JIMÉNEZ es economista de la Universidad Católica Andrés Bello, de Caracas, magíster en Economía de la Universidad Central de Venezuela y egresado de la Maestría en Administración de Empresas del Instituto de Estudios Superiores de Administración (IESA). Ha realizado estudios en la Escuela de Organización Industrial de Madrid y en la Escuela de Negocios Goizueta, Atlanta, Estados Unidos. Se ha desempeñado como consultor en mercadeo e investigación de mercados por casi veinte años. Es socio director de Datanálisis, reconocida firma de estudios de mercado y análisis del entorno, y presidente de Tendencias Digitales, empresa de investigación de los negocios electrónicos en América Latina. Desde el año 2000 es profesor invitado del IESA. Es articulista de las revistas *Business Venezuela* y *Debates IESA*, de eluniversal.com y de la revista electrónica *Hormiga Analítica*. También es colaborador frecuente de diversos medios y conferencista en foros nacionales e internacionales sobre negocios y mercadeo en América Latina.